Konflikte lösen

Mediation, Körperlichkeit und

Gespräch

Hrsg. Georg Herter

Konflikte lösen

Mediation, Körperlichkeit und

Gespräch

Bibliografische Information der Deutschen Nationalbibliothek:
Die Deutsche Nationalbibliothek verzeichnet diese Publikation
in der Deutschen Nationalbibliografie; detaillierte bibliografische
Daten sind im Internet über *dnb.dnb.de* abrufbar.

2019 Hrsg. Georg Herter

„Herstellung und Verlag:
BoD – Books on Demand, Norderstedt".

ISBN - 9-783750-411555

Inhaltsverzeichnis

Mediation.

Die Körpersprache, eine unterstützende Form der Mediation

Einleitung

In den letzten Jahrzehnten entwickelten sich zum Konflikt- und Problemlösungsprozess Methoden und Vorgehensweisen, die aus verschiedenen psychologischen Richtungen kommen, die in ihrem Konzept und ihrem Aufbau unterschiedliche Bestandteile und Herangehensweisen haben, um den Konflikt zu lösen. Die detaillierte Beschreibung und Darstellung dieser einzelnen Methoden würde den Rahmen dieser Arbeit sprengen und vom eigentlichen Thema, das hier behandelt wird, ablenken.

Auf den folgenden Seiten wird in der Arbeit der Konflikt- und Problemlösungsprozess der Mediation behandelt. Die Methode der Mediation findet Ihre Anwendung in unterschiedlichen Bereichen und Arbeitsfeldern der Gesellschaft statt.

Die Methode des Konflikt- und Problemlösungsprozesses in der Mediation unterliegt einer bestimmten Herangehens- und Vorgehensweise, die sich von anderen psychologischen Schulen wie z.B. der Bioenergetik von Alexander Lowen unterscheidet.

Wie bei allen Schulen und Methoden der Konfliktlösung gehören zu jedem Konflikt die Konfliktparteien selbst, der Schlichter bzw. der Konfliktlöser, der Konflikt an sich und deren Auslöser, die innere bewusste und unbewusste Befindlichkeit der Betroffenen und der daran teilnehmenden Personen, die Emotionen, die

Gefühle, die Gedanken, die Vorstellungen etc., die verbalen und nonverbalen Signale der beteiligten Personen, usw..

Neben der Mediation wird auf den folgenden Seiten auch die Körperlichkeit bzw. die energetische Körpersprache als ein Indikator der Manifestation des Konfliktes in der Muskulatur des Menschen behandelt. Der Körper sendet durch seine Muskulatur und seiner Oberfläche, Signale, die Ausdruck und Manifestation eines Konfliktes darstellen, nach außen.

Somit sind für die Arbeit in der Mediation nicht nur die verbalen und nonverbalen Signale der Beteiligten entscheidend für die Konfliktlösung, sondern auch die energetische Körpersprache wichtig, in der sich der Konflikt zeigt und äußert, die zu beachten und zu behandeln sind.

Das Kommunikationsmodell von Schulz von Thun und von Paul Watzlawick

Während Schulz von Thun in seinen Werken vom Sachappell, Appellebene, Beziehungsebene und Selbstkundgabe als Bestandteil in der zwischenmenschliche Kommunikation beschreibt,[1] stellt Paul Watzlawick in seinem Werk [2] die 5 Axiome dar, die Bestandteil der menschlichen Kommunikation sind.

- „Man kann nicht *nicht* kommunizieren!"
- „Jede Kommunikation hat einen Inhalts- und einen Beziehungsaspekt....."
- „Die.....Beziehung ist durch die Interpunktionen der Kommunikationsabläufe seitens der Partner bestimmt."
- „Menschliche Kommunikation bedient sich digitaler und analoger Modalitäten."
- „Zwischenmenschliche Kommunikationsabläufe sind entweder symmetrisch oder komplementär,...."

---

1   Friedemann Schulz von Thun: *Miteinander reden 1*. Reinbek 1981. *Miteinander reden 2*. Reinbek. 2011.
2   Paul Watzlawick. Janet H. Beavin, Don D. Jackson: *Menschliche Kommunikation – Formen, Störungen, Paradoxien*. Huber, Bern 1969.

Bartusseks theoretischer Ansatz der Körpersprache und deren Anwendung für die Mediation

Im Gegensatz zu Schulz von Thun [3] erwähnt Watzlawick in seinem Werk, dass die Menschen immer Kommunizieren, die nonverbale Kommunikation. [4] Bartussek[5] erweitert diesen Ansatz unter dem Aspekt der Körpersprache als nonverbale Kommunikation und unterteilt dies in drei Kategorien:

Körpersprache als:

- Mitteilung von Signalen und der Ausstrahlung von Körperenergie
- Als die Vermittlung von gedanklichen und gefühlshaften Mitteilungen an allen Beteiligten
- Permanente und wahrheitsgemäße Mitteilung des Menschen [6]

Die Körpersprache ist die Gesamtheit aller menschlichen Signale, die in einer Mediation den Beteiligten mitgeteilt werden. Diese Körpersignale strahlen eine umfassende Wirkung aus, sind in der menschlichen Kommunikation nonverbal sichtbar und erkennbar und sind nur in ihrem Kontext zu verstehen. In der jeweiligen Situation haben diese Signale einen direkten Ausdruck

---

3 Friedemann Schulz von Thun: *Miteinander reden 1.* Reinbek 1981. *Miteinander reden 2.* Reinbek. 2011.
4 Mit Janet H. Beavin, Don D. Jackson: *Menschliche Kommunikation – Formen, Störungen, Paradoxien.* Huber, Bern 1969 (12. unveränd. Aufl. 2011).
5 Bartussek, W.S. 3.10. Körpersprache. in Trenczek, Berning, Lenz (Hrsg.). Mediation und Konfliktmanagement. Nomos Praxis. 1. Aufl. 2013. S. 361 ff.
6 Ebenda. S. 361 ff.

und geben ein authentisches Spiegelbild der aktuellen Befindlichkeit der Beteiligten wieder und deren persönliche Grundeinstellung.

Das Verstehen dieser Signale beeinflusst den Verlauf, den Erfolg und den Misserfolg der Mediation.

Grundlagen der nonverbalen Kommunikation:

Nach Watzlawick [7] findet immer eine zwischenmenschliche Kommunikation statt, auch wenn die Menschen nicht miteinander reden, die nonverbale Kommunikation. Dieser nonverbale Anteil im Gespräch wirkt unbewusst auf alle Beteiligten, er ist erkennbar und muss bearbeitet werden.

Der bewusste Umgang mit der Körpersprache steigert den Erfolg in der Mediation, da der Körper permanent Botschaften sendet. Watzlawick erwähnt zwei Ebenen zwischen Sender und Empfänger, die Inhalts- und Beziehungsebene. [8] Die Signale der Inhaltsebene werden besser verstanden, wenn die Beziehungsebene der Gesprächspartner positiv ist. Die Beziehungsebene ist die Grundlage für die Inhaltsebene, eine gute und offene Beziehungsebene zwischen Sender und Empfänger, ist an der Körpersprache erkennbar und fördert die Verständigung auf der Inhaltsebene. Auf kleinste menschliche

7 Mit Janet H. Beavin, Don D. Jackson: *Menschliche Kommunikation – Formen, Störungen, Paradoxien.* Huber, Bern 1969 (12. unveränd. Aufl. 2011).
8 Mit Janet H. Beavin, Don D. Jackson: *Menschliche Kommunikation – Formen, Störungen, Paradoxien.* Huber, Bern 1969 (12. unveränd. Aufl. 2011).

Irritationen reagiert der Mensch instinktiv mit seinen drei *Überlebensmechanismen* (Flucht, Kampf oder Totstellen), welche die *Beziehungsebene* belastet und den inhaltlichen Fluss auf der Sachebene stört. In der Mediation muss dieser Schutzmechanismus mit seinen körperlichen Signalen in der Situation erkannt, interpretiert und darauf reagiert werden. Dabei liegt die Beobachtung der nonverbalen Signale in ihrem gesamten Prozess.[9]

Die Vielfalt nonverbaler Signale

Während Bartussek in der neuner Matrix [10] einen Überblick über nonverbale Signale darstellt, teilt Navarro die nonverbalen Signale in 10 Regeln [11] ein, die den Menschen beim Verstehen und Reagieren des gesprochenen Wortes beeinflussen. Dargestellt sind die Signale, nicht deren Interpretation, wobei die Deutung der Körpersprache dem auslösenden Signal im Kontext und der jeweiligen Situation unterliegt.

9 Bartussek, W.S. 3.10. Körpersprache. in Trenczek, Berning, Lenz (Hrsg.). Mediation und Konfliktmanagement. Nomos Praxis. 1. Auflage 2013. S. 363 ff.
10   Ebenda. S. 366 ff.
11   Navarro, Jo. Karlins, Marvin. Menschen lesen. mvg Verlag. 2015. Navarro, Joe; Poynter, Toni Sciarra. Menschen verstehen und lenken. mvg Verlag. 2015. 6. Auflage.

Neuner-Matrix [12]

Eher	Bewegung	Raum	Körper
sichtbar	*Gestik*	*Territorium*	*Haltung*
	Mimik	*Distanz*	*Schwerpunkt*
	Blickkontakt	*Berührung*	*Muskelspannung*
	Berührung	*oben/unten*	*Körperbau*
	Gang/Auftreten	*Position im Raum und*	*Alter*
	Tempo	*zueinander*	*Geschlecht*
	Unwillkürliches	Zeit	Accessoires
	Hautfarbe	*Umgang mit der Zeit*	*Kleidung*
	Schweiß/Zittern	*Zeitpunk*	*Frisur*
	Ticks/Gebrechen	*Zeitdauer*	*Schmuck*
	Weinen/Lachen	*Initiative*	*Abzeichen*
	Gähnen	*vorher/nachher*	*Make-up*
	Puls		*Möbel/Ausstattung*
	Geruch		*Statussymbole*
Eher hör-/	Ton	Energie	Sonstiges
spürbar	*Stimmlage*	*Atem*	*Kulturkreis*
	Tonfall	*Ausstrahlung*	*Rituale*
	Pausen	*Präsenz*	*Biowetter*
	Zwischentöne	*Erdung*	*Mondphasen*
	Tempo	*Charisma*	*Sozialisation*
	Lautstärke		
	Akzent		
	Wortwahl		
		Dynamisch/statisch	
	eher dynamisch		Eher statisch

Im Alltag ist es besser die Signale bewusst wahrzunehmen, statt sie zu interpretieren.

---

12 Bartussek, W.S. 3.10. Körpersprache. in Trenczek, Berning, Lenz (Hrsg.). Mediation und Konfliktmanagement. Nomos Praxis. 1. Aufl. 2013. S. 363 ff.

Für die Vermeidung von Missverständnissen wird in der Mediation der **„Der – Drei – Stufen - Prozeß"** praktiziert. Es handelt es sich um einen Prozess, das mit einem Urteil endet und entsprechende Folgen für alle Beteiligten nach sich zieht. Zwischen dem körperlichen Verhalten der Person A und der Reaktion der Person B befinden sich viele Fehlermöglichkeiten, die wie folgt entstehen:

1. das gesendete Signal wurde nicht richtig erkannt, weil es zu klein, zu subtil oder zu kurz war oder der Empfänger in seiner Wahrnehmung abgelenkt war.
2. das erhaltene Signal wurde schlecht wahrgenommen oder von mir auf andere geschlossen
3. das erhaltene Signal wurde aufgrund des eigenen Wertesystems schlecht interpretiert und der andere Kulturkreis nicht beachtet
4. vielleicht ist die verwendete Handlung und der eingehaltenen Schritte für die Situation unpassend [13]

Die Reaktion der Person B wäre dann unpassend, was bei der Person A zur Verwirrung, Unsicherheit oder Ärger führt. [14]

---

13 Bartussek, W.S. 3.10. Körpersprache. in Trenczek, Berning, Lenz (Hrsg.). Mediation und Konfliktmanagement. Nomos Praxis. Baden-Baden. 1. Auflage 2013. S. 363 ff.
14 Ebenda.

Der – Drei – Stufen – Prozeß:

Sichtbare Aktion:

z.B. Bewegung des Kopfes in bestimmte Richtungen

Interpretation des Signals:

z.B.

- nachdenklich
- prüfend
- fragend
- horchend etc.

Bewertung der Interpretation des Signals:

z.B.

- die kapiert aber auch gar nichts
- ich mag das nicht, wenn sie mich so prüfend anschaut
- ich will mich noch genauer ausdrücken
- das ist gut, wenn sie so aufmerksam ist, oder [15]

„Missverständnisse können aus Fehlern in der Wahrnehmung und Verarbeitung der Signale oder aus vorschnellen Urteilen (Vor-Urteilen) entstehen. Durch rechtzeitiges Innehalten, Nachprüfen und Klären jedes einzelnen Schrittes kann eine Eskalation der Situation vermieden werden." [16]

---

15 Ebenda.
16 Ebenda.

Körpersprachsignale sind mehrdeutige, von der Persönlichkeit und der Situation abhängige und verborgene Botschaften des menschlichen Verhaltens, die in jedem Menschen existieren. Diese Prozesse müssen oder sollen den Beteiligten bewußt sein, damit sie ihre Interaktion erkennen und steuern lernen.

Die Einfluß-Ebenen auf die nonverbalen Signale.

Hier handelt es sich um die Wechselwirkung von drei Ebenen die zwischen Menschen bestehen und zur Entstehung nonverbaler Signale beitragen.

- *die Ebene des physischen Körpers*
- *die Ebene der Gefühle und Empfindungen*
- *die Ebene der Gedanken* [17]

Die Ebenen werden durch das KGG – Model dargestellt:

Gedanken

Körper   Gefühle [18]

Im obigen KGG – Modell wird verdeutlicht, dass sich alle Ebenen gegenseitig beeinflussen.

Verändert sich die körperliche Haltung, so verändern sich die Gedanken und die Gefühle und anders herum, die nonverbalen Signale sehen dann in der Körpersprache immer anders aus. Um

17 Ebenda. Seite 366, Zeile. 10 – 12.
18 Ebenda. Seite 366, Abbildung.

die Prozesse der Veränderung und des Neuem im Menschen in der Mediaticn zu erkennen und zu ändern, unterliegt dies der „Bewusstseins – Training."[19]

Drei essentielle Aspekte in der Mediation und der nonverbalen Zusammenhänge.

An der Körpersprache ist der Verlauf und die Wirkung der Mediation abzulesen, der durch die bewusste Arbeit der Beteiligten zum Erfolg beträgt.

Die eigene Persönlichkeit.

Die Kenntnis über die eigene Persönlichkeitsstruktur ist die Grundlage für die Aufgabe der Mediation. Die bewusste Auseinandersetzung mit den eigenen Verhaltensmustern, der frühen Kindheitsprägungen und Kindheitserfahrungen, die über den ersten Eindruck, ob Sympathie oder Antipathie entscheiden, lösen das spontane körpersprachliche Verhalten in der Mediation aus. Der Umgang mit diesem Verhalten ist die Voraussetzung und die Grundlage für die Allparteilichkeit in der Mediation.

Der Bewußtwerdungsprozeß.

Im Unbewussten sind Verhaltensmustern gespeichert, die durch äußere Reize ausgelöst automatisch ablaufen, zu denen sich auch die Verteidigungs- und Angriffsmechanismen in der Körpersprache äußern.

---

19 Ebenda. Seite 366 ff.

Szcyh-Phänomen.

In diesem Modell symbolisieren die Menschen Eisberge zwischen denen der Informationsaustausch unbewusst stattfindet. Im Ersten Augenblick der Begegnung findet zwischen zwei Menschen der kontinuierliche Informationsaustausch unbewusst statt und erklärt das Erleben von Sympathie und Antipathie oder das Verlieben. Die Körpersprache ist der Ausdruck dieses Informationsaustausches und bestimmt den weiteren Verlauf. Für die Mediation ist der Ablauf des unbewussten Mechanismus wichtig, um den menschlichen Wirkkreislauf der *self-fulfilling- prophecy"* zu erkennen und evtl. zu durchbrechen.

Hier spielt die Macht der Erwartungshaltungshaltung und der unbewussten Signalen ihren Beitrag, dass sich die eigene Erwartung des Mediators erfüllt, vergleichbar mit dem Satz *„Ich habe es ja gleich gewusst".* [20] Das ist die Kraft der Gedanken.

Neben dem Unbewussten liegt die Kraft in der Mediationsarbeit in den drei Zugängen des KGG – Modells und in der Ruhe des Mediators. [21]

Das Modell beschreibt die Begegnung von zwei sich treffenden Personen, bei denen sich unbewusst oder bewusst, deren Blicke treffen. Der wahrgenommene Augenblick in der Begegnung und deren Informationen reicht zur Beurteilung von Sympathie und Antipathie aus.

Der Mediator muss mit den personenspezifischen Eigenschaften im Anderen arbeiten, für die er im Menschen empfänglich ist und

---

20 Ebenda. Seite 367, Zeile. 41 – 42.
21   Ebenda. Seite 367.

mit denen er arbeiten kann. Diese Eigenschaften hat der Mediator und spiegelt sie dem anderen.

Die Persönlichkeit des Menschen wird von den Überlebensmechanismen gesteuert, die ihn und alle Lebewesen bei Unsicherheit und Bedrohung schützten. Die Amygdala ist für das Überleben des Menschen verantwortlich, das als Reptilienhirn bezeichnet wird. Dieses Reptilienhirn verfügt aufgrund seiner Evolution einen größeren Einfluss auf den Menschen als das Denkhirn. Ist das Reptilienhirn aktiv, wird das Denken und Verstehen schwieriger bis unmöglicher.

Die drei Überlebensmechanismen des Reptilienhirns:

- Kampf (Fight)
- Flucht (Flight)
- Tot stellen (Freeze) [22]

Die Persönlichkeit des Mediators muss wahrnehmen, wann sein Körper auf seine eigenen Schutzmechanismen umschaltet, wann sein Körper auf Kampf, Flucht oder Tot stellen reagiert. Der Mediator ist ab diesem Moment nicht mehr neutral. Deshalb muss er auch die Körperreaktionen der drei Schutzmechanismen der Medianten wahrnehmen und erkennen: Erfolgt dies nicht, kann der inhaltliche Aspekt der Mediation nicht mehr sachlich verstanden und behandelt werden.

---

22 Ebenda. Seite 368, Zeile. 39 – 41.

Bewusstseinshaltung nach dem KGG-Modell:

Folgende Eigenschaften und Fähigkeiten sind die Grundlagen für die Aufgabe der Mediation.

- in sich ruhend, in der eigenen Mitte, zentriert, geerdet
- geschützt, stabil, sicher, stabil, kraftvoll, souverän
- offen, durchlässig, gelassen, authentisch, konsequent, klar
- engagiert, energisch, energetisch, präsent mit Ausstrahlung
- positiv in der Haltung, etc. [23]

Die bewusste innere Arbeit ist die Grundlage für die erkennbare Körpersprache des Mediators.

Zur Körpersprache gehören die sichtbaren, hörbaren, riechbaren und subtil spürbaren, *energiereichen* Körpersignale, um die in einem Gespräch gekämpft wird, bis einer der Beteiligten seine *Energie* verloren hat. Dies soll in der Mediation vermieden werden.

Damit der Mediator das oben beschriebene in sich ruhende, souveräne Erscheinungsbild erlangt, kann der Mediator bei dem KGG - Modell an beliebiger Stelle beginnen, um seine Persönlichkeit zu entwickeln und dadurch körpersprachlich authentisch und überzeugend zu wirken. Mit der Bewusstseins-Training wird das angestrebte Ziel erreicht.

---

23 Ebenda. Seite 369, Zeile. 13 – 21.

20

Die drei Ecken des KGG – Modell

Ecke K (= Körper)

Die bewusste und gezielte Verwendung von Gesten und Haltungen in der Mediation ist hilfreich, da sie z.b. Offenheit, Aufrichtigkeit und Zugewandtheit den Beteiligten signalisiert. Die bewusste Körperhaltung zeigt den Ausdruck über die eigene Befindlichket und hat einen klärenden und hilfreichen Effekt. Sie beeinflusst das menschliche Befinden. Bei aufgesetzten und nicht authentisch wirkenden Aktionen, senden die körperlichen Signale nicht die gleichen Botschaften wie sonst und der Mediator bzw. der Beteiligte wirkt **inkongruent**. Mit bewussten Körperhaltungen wird dieser Gefahr entgegengewirkt. Das bewusste Einnehmen einer bestimmten Haltung benötigt Augenblicke des *„In-sich-hinein-Spürens"* und macht die gewünschte Wirkung in sich selbst erlebbar. Mit dieser körperlich äußerlichen Korrektur wird eine Veränderung schnell möglich. Bei einer unbewusst verschlossenen Sitzhaltung öffnet man die Arme, Beine und den Oberkörper, nimmt sich Zeit für das benötigte **Körperempfinden,** um mit dieser neuen Haltung das passende Gefühl und die passenden Gedanken für eine veränderte Geisteshaltung zu erhalten.

Ecke G (= Gedanken)

Die Gedanken haben einen subtilen Einfluss auf die Körpersprache. Gedanken geben dem Menschen Kräfte und verfügen über Gedankenenergie. Die Gedanken haben Einfluss auf den Körper, die in der Körpersprache des Menschen sichtbar, spürbar und erlebbar sind. Die Erwartungshaltung des Mediators hat Einfluss auf die Mediation, die sich im Verhalten, der Ausstrahlung, der inneren und äußeren Körperhaltung (durch den Energiefluss der in die Beteiligten einfließt) des Mediators auf die Beteiligten hineinfließt. Die mentale Vorstellung innerer Bilder kann somit den erzielten Mediationserfolg kreieren oder positiv formulierte Sätze (Affirmationen) können auf der inneren und äußeren Ebene zum gewünschten Erfolg beitragen. Die Verwendung von Affirmationen und die Klarheit bzw. die Kraft der inneren Bilder werden im Körperausdruck des Menschen sichtbar. Die Auswirkungen der Gedankenarbeit werden an den nonverbalen Signalen der Beteiligten sichtbar.

Die kombinierte Beschäftigung des Bewusstseinstrainings wird durch die körperliche Wirkung und der mentalen Gedanken verbessert.

Ecke G (= Gefühle)

Der Mediator sollte nicht nur die Empfindungen des eigenen Körpers sensibler und spürbarer wahrnehmen, sondern auch ein Gespür für die Dinge in seiner Umgebung, in der Luft bekommen, deren Grundlage das Vertrauen des eigenen Bauchgefühls ist. Er hat die linke analytische Gehirnhälfte und die rechte intuitive Gehirnhälfte in das Training einzubeziehen. Die Signale des eigenen Körperempfinden, die zum eigenen Körper selbst sprechen, müssen gedeutet werden. Dies ist der neue Begriff der Körpersprache. Diese Feinfühligkeit ist erforderlich, um die kleinsten körperlichen Signale zu erkennen, die, wenn sie übersehen werden und unbewusst bleiben, schlimme Folgen nach sich ziehen. Für das Erkennen kleiner oder zeitlich nur kurz erscheinender Signale sollte der Mediator **bewusst und sensibel**, bewusst sensibel sein.

Das Gefühl ist entscheidend für den Mediationserfolg.

Als Übungsphase vor dem Beginn einer Mediationssitzung sollten die Medianten und der Mediator sich im Raum, (hier ist der Abstand wichtig), so platzieren, wo sich die Beteiligten spüren und am wohlsten fühlen. Dadurch soll jeder einen bewussten Zugang zu seinen Gefühlen erhalten, um in einer optimalen Sitzordnung sich und den anderen zu erfühlen.

Die bewusste Veränderung der Körperposition und die Augenblicke des **„In-sich-hinein-Spürens"**, (die innere Wirkung der äußeren Haltungsänderung in sich wahrnehmen zu können, das innere Fühlen) haben ihre effektive Wirkung, die sich auf die Gesprächspartner übertragen.

Steht der Mediator mit beiden Beinen im bewussten Kontakt zu seinem Schwerpunkt achtsam in der Mitte seines Körpers kann der Mediator erspüren wie der „Boden ihn trägt".

Dieses in sichhinein spüren führt zu einer erhöhten Stabilität und es entsteht ein inneres Gefühl der Sicherheit. Diese Situation verstärkt das Auftreten des Mediators und wirkt spürbar auf den Gegenüber. Der Mediator muss bzw. soll sich dieser kraftvollen

Haltung immer **besinnt** sein. [24]

Das Ziel des Bewusstseinstrainings ist die gesteigerte Selbstwahrnehmung, die Wahrnehmung der Beteiligten, die Sensibilisierung der Körpersignale, die Stärkung der eigenen Persönlichkeit und die Stabilität der eigenen Mitte, selbst dann, wenn die Konfliktparteien in heftige Emotionen geraten. Dies ist die Grundlage für die Allparteilichkeit.

Die Allparteilichkeit:
Durch die körperliche und energetische Vorbereitung vor der Mediation kommt der Mediator zu seiner Mitte, indem er die folgenden drei Werkzeuge anwendet:

Die Essentiellen Drei

1. die Augen schließen
2. den Boden spüren
3. den Atem wahrnehmen [25]

Mit dem 1. Schritt löst sich der Mediator von den Umwelteinflüssen und aktiviert sein inneres, geistiges Auge, um sich selbst von innen her wahrzunehmen.
Zum 2. Schritt gehört die Verbindung zum Boden auf dem er steht, das Fundament, zu dem er seinen Standpunkt findet, den er vertritt und zu dem er steht.

---

24 Ebenda. Seite 372. ff.
25 Ebenda. Seite 372. Zeile. 25 – 29.

3. Schritt ist das **Hier und Jetzt**, die Beobachtung des Atemflusses, wie dieser das Außen mit dem Innen verbindet. Der Atem, der die Lebensenergie darstellt, soll den Bauchraum bewegen. Der Becken-Boden-Bereich ist die Mitte, in der der Mediator ruhen kann.

Gesammelt und zentriert, kraftvoll und stabil, kann der Mediator sich sicher fühlen und sich für Konfliktsituationen öffnen. *„Sollte er während der Mediation wahrnehmen, dass er „außer sich gerät", „sich in etwas verliert" oder zerstreut" wirkt, statt in der Mitte zu bleiben, dann kann er ganz bewusst ein weiteres, aber bewährtes Mittel anwenden:"* [26] Durch drei tiefe Atemzüge spürt er die Atembewegung im Bauch und gewinnt dadurch Zeit, Energie und kommt zu sich selbst. Wenn er wirklich im Hier und Jetzt, in der Gegenwart ist, präsent ist, ist er für alle Anwesenden präsent.

In der Mitte bei sich sein:
In der eigenen Mitte zu ruhen ist die Grundlage für die Allparteilichkeit. Es handelt sich um das energetische Zentrum, die Stabilität und die Ausstrahlung durch ein mentales Bild wird unterstützt.

In der Mitte und bei den anderen:
Die eigene Zentriertheit ist ein Schutz und verhindert, sich in die Emotionen der Medianden hineinziehen zu lassen oder aufgrund

---

26   Ebenda. Seite 372. Zeile. 41 – 43.

Sympathie oder Antipathie für eine Seite Partei zu ergreifen. Durch seine Mitte kann sich der Mediator beiden Parteien durch Aufmerksamkeit und Zuwendung einlassen. Für die Sitzordnung ist die Distanz der Beteiligten notwendig und deren Zuwendung muss gleichmäßig verteilt sein. Der Mediator und die Medianten sollen sich immer die Zeit nehmen, die sie benötigen, um nachzuspüren und wann sie bei sich angekommen sind.

Zuwendung bedeutet die wertschätzende, respektvolle und fürsorglich körperliche Hinwendung und Hindrehung zum Menschen, bei der der Kopf und der Oberkörper zum Gesprächspartner zugewandt wird. In der Körpersprache symbolisiert der Kopf die Wissens- und Informationsenebene und der Brustkorb mit dem Herzen die Beziehungsebene.

Die Sitzhaltung und der Oberkörper drückt die unbewusste Zuneigung zu den Gesprächspartnern aus. Der bewusste Blickkontakt vermittelt das Bedürfnis wahrgenommen und gesehen zu werden. Zeit ist in der Mediation ein wichtiger Faktor. Beiden Gesprächspartner soll gleich viel und gleich lang der Blickkontakt geschenkt werden. In der Haltung der Arme und der Beine spiegelt sich die **Offenheit**, die für die Medianten erlebbar sein muss. *„Wenn ein Bein über das andere geschlagen ist, entsteht eine Haltung, die … einen der beiden Gesprächspartner gegenüber zugewandter wirkt als dem anderen."* [27] Ruhen beide Füße am Boden, wirkt die Haltung

---

27 Ebenda. Seite 374. Zeile. 24 – 26.

symmetrisch, offen und geerdeter. Der Mediator wirkt stärker und gelassener. Die äußere Haltung spiegelt die innere Haltung wider. Mit einem aufrechten Oberkörper wirkt man aufgerichtet, aufrichtig (= authentisch) und für beide Konfliktparteien gleichermaßen präsent. [28]

Die Begleitung:

Zu den Aufgaben des Mediators gehört neben dem Kontakt zu sich selber auch die Körpersprache der Medianten wahrzunehmen, zu verstehen und darauf zu reagieren oder zielgerichtet zu intervenieren. Der Mensch hat eine eigene Komfort-Zone, in der er sich sicher fühlt und sein Reptilien-Hirn abschaltet. Hier kann er sich wohl fühlen, erholen, genießen, auftanken und sich öffnen. Für den Menschen ist es immer ein Risiko sich zu öffnen, denn jede Öffnung macht ihn verletzlich und gefährlich. [29]

Ob und wie sich ein Mediant öffnet, hängt von seiner Körperhaltung ab. Jeder Körperteil signalisiert das menschliche Wesen und vermittelt Botschaften. Die Botschaften der Füße und Beine sind entscheidender, da sie wahrhafter erlebt werden als andere Körperteile. [30]

Es geht um Vertrauen:

Der Mediator kann durch seine eigene Körpersprache und durch die Gestaltung der gesamten **Atmosphäre** dazu beitragen, das

---

28 Ebenda. Seite 374. ff.
29 Ebenda. Seite 374. ff.
30 Ebenda. Seite . 374. ff.

die Medianten zu ihrer Komfort-Zone kommen und sie sich darin bewegen. Erst dann werden sie sich öffnen und fähig sein, sich inhaltlich auf die Sachverhalte einzulassen.

Abholen und Öffnen:

Der Mediant muss immer dort abgeholt werden, wo er sich befindet. Bevor die Körpersprache des Medianten analysiert und interpretiert wird, ist die intuitive Methode, *„Von außen nach innen gehen"*, anzuwenden, bei der der eigene Körper und dessen Empfindungen vertraut werden soll. *„Mann vollzieht* ***„äußerlich"*** *die Haltung des Gegenübers bewusst nach, spürt* ***„innerlich"*** *in sich hinein und kann....über die Fähigkeit der Empathie und der Körperwahrnehmung das Befinden der anderen an der Mediation Beteiligten **nachempfinden**. Dies ist eine....andere, tiefere Art, die anderen und deren innere Situation und Haltung zu verstehen."* [31]

In der bewusst nachempfundenen Haltung wird der Mediant *„dort abgeholt, wo er sich befindet"*. Mit der eigenen Haltung **geht** der Mediator selbst **voran**, um die gewünschte Richtung zu erhalten, mit dem Ziel, sich und die Beteiligten immer mehr zu öffnen. Mit dieser nonverbalen Einladung, entspannte, sich öffnende etc. Haltungen, sollen die Beteiligten folgen. Die Verhaltensübernahme der Anderen sollte respektvoll, achtsam, aber nicht manipuliert erfolgen. Der Mediator und die Medianten erleben ihre eigene Körpersprache selbst, zu denen spontane, unbewusste Signale, Gesten, Gebärden und Haltungen gehören

---

31 Ebenda. S. 375. Z. 20 – 24.

28

oder mögliche Signale der Abwehr, Abgrenzungen oder das Pocker-Face sind und enthalten wichtige Botschaften.

De-eskalieren und entspannen:

Die Körperspannung, der Muskeltonus ist ein wichtiger körpersprachliches Zeichen. Steigen im Gespräch die Emotionen, besteht die Gefahr der Eskalation und es verändert sich die Muskelspannung. Haben zwei Menschen ein unterschiedliches Spannungsniveau, erzeugt dies einen Konflikt. Ein gutes Gespräch hat für alle Beteiligten ein ähnliches Spannungsniveau. Der Mediator sollte seine eigene Muskelspannung den Medianten anpassen, ohne die Emotionen zu übernehmen.

Mit gleich bleibender gelassener Emotionalität und klarer Offenheit kann der Mediator die anderen dort abholen, wo sie sich befinden und begegnet ihnen mit dem entsprechendem Spannungsniveau, um sie auf die **Normalspannung** zurück zu begleiten. *„De-eskalierend wirkt,....wenn der Mediator....bei einer wütenden Person ebenfalls in einem hohen Muskeltonus geht, während er.....klar und sachlich mit seinem Gespür weiter spricht."*[32] Mit verringerter Muskelspannung und Lautstärke kann er so die beteiligten in die normale Lage zurückführen. Das gleiche kann bei Menschen mit Traurigkeit und Depression und mit geringem Muskeltonus angewendet werden. Ruhend auf den Gesprächspartner eingehend kann dieser Beteiligte zu einer aktiven körperlichen Gemütsverfassung begleitet werden.

---

32 Ebenda.: Seite 377, Zeile. 35 – 37.

Eine stockende Mediation kann durch nonverbale Aspekte wie Haltungsänderungen verändert werden, z.b. gemeinsames aufstehen, Bewegung, geänderte Sitzordnung, eine Pause, etwas trinken etc..

Die Vergegenwärtigung des Selbst, die kraftvolle, zentrierte, geerdete und das offene bei sich bleiben ist sehr wichtig.

Das Lachen ist ein Wundermittel in der Mediation, Es befreit, entspannt, öffnet und verbindet die Menschen. Wenn der Mediator mit Hilfe des Humors an die Sache heran geht und die Medianden zum Lachen bringt, geht es leichter.

Die 10 praxisbezogenen Leitlinien Navarros der Beobachtung und deren Anwendung für die Mediation

Was vermittelt das Wissen über die nonverbale Kommunikation ?

Das Wissen der nonverbalen Kommunikation vermittelt die Kenntnis über die Körpersignale, die der Mediant von sich sendet und sie ermöglicht es dem Mediator diese Signale zu verstehen und mit ihnen zu arbeiten. Nevarro empfiehlt hierzu zehn Leitlinien.

Zehn Leitlinien, um die nonverbalen Signale erfolgreich zu entschlüsseln

1. Leitlinie: Der Mediator soll ein aufmerksamer Beobachter seiner Umgebung sein

- Sie ist eine wichtige Anforderung, um nonverbale Kommunikation verstehen und anwenden zu können. Dazu ist ein konzentriertes und gezieltes Beobachten notwendig. Alle Sinne sind in die Beobachtung mit einzubeziehen. Navarro empfiehlt ein schulen der „situativen Aufmerksamkeit"

2. Leitlinie: Der Mediator soll kontextbezogen beobachten: Um nonverbales Verhalten in Alltagssituationen zu verstehen und zu deuten, ist es wichtig, den gesamten Kontext, in der sich die Handlung abspielt, mit einzubeziehen. z. B. ist bei einem Vorstellungsgespräch damit zu rechnen, dass der Bewerber nervös ist. Die Nervosität legt sich mit der Zeit. Erscheint sie erneut im Verlauf des Gespräches, ist sie ein Zeichen für Unruhe und Nervosität und für den Personalchef ein Indikator nach den Ursachen zu schauen.

3. Leitlinie: Der Mediator soll lernen, universell gültige nonverbale Verhaltensweisen zu erkennen und zu deuten: Einige Ausdrucksformen des Körpers gelten als universell und sie werden von den meisten Menschen verwendet. Bei Angst oder Unsicherheit beruhigen wir uns, indem wir mit den Fingern an den Handflächen entlang streichen. Unbehagen und Unwohlsein zeigen sich in angespannter Kiefermuskulatur, das Heben der Nasenflügel und das Zittern bzw. zusammenpressen der Lippen. Die Mimik ist eine ablesbare Universalsprache, mit der Verständigungsprobleme gedeutet werden können.

4. Leitlinie: Der Mediator soll idiosynkratische (überempfindliche) nonverbale Verhaltensweisen erkennen und deuten.
Idiosynkratische Verhaltensweisen sind personenspezifisch, sie sind individuell und haben für den Sender eine eigene Bedeutung. Idyosykratische Gesten sind feste Bestandteile eines Verhaltensmusters, die in vergleichbaren Lebenssituationen immer wieder auftauchen. Zum Beispiel reagiert ein Kollege bei Stresssituationen mit Nägelkauen.

5. Leitlinie: Der Mediator soll im Kontakt mit den Medianten versuchen, ihr Normalverhalten zu erfassen.

Navarro empfiehlt das normale nonverbale Verhalten seiner Mitmenschen zu beobachten. Jeder Mensch hat seinen eigene Körperhaltung, wie er auf einem Stuhl sitzt, wo sich seine Hände befinden oder wie er seinen Kopf hält. Die Kenntnis des normalen Verhaltens gilt es sich einzuprägen, um bei einer Änderung der Körperhaltung oder -bewegung erkennen zu können, daß sich in seinen Gedanken bzw. Gefühlen auch eine Änderung stattgefunden hat.

6. Leitlinie: Der Mediator soll versuchen, immer nach multiplen Verhaltensweisen Ausschau zu halten, die in der Kommunikation oder in der Folge auftreten.

Handelt es sch um aufeinander folgende Körpererregungen, die in ihrer Gesamtheit eine Aussage mitteilen, wie z.b. wippt eine Person mit den Füßen auf und ab, und streicht mit einer Hand an einem Bein. Die Nervosität, erkennbar durch die Fußbewegung, wird beruhigt mit dem Streichen am Bein. Die Summe der einzelnen Puzzleteile ergeben ein Bild zur Deutung des Körperausdruckes.

7. Leitlinie: Der Mediator solle auf Verhaltensänderungen aufmerksam achten, die auf eine Veränderung der Gedanken, Gefühle, Interessen oder Absichten hinweisen.

Hinweise auf Veränderungen von sonst normalen Verhaltensweisen deuten daraufhin, daß Informationen verarbeitet werden oder emotional auf Situationen reagiert wird. Zum Beispiel wechselt der entspannte Gesichtsausdruck eines Menschen wenn er mit einer unangenehmen Nachricht konfrontiert wird.

8. Leitlinie: Der Mediator soll lernen, falsche oder irreführende nonverbale Signale zu erkennen.

Der Unterschied zwischen einer authentischen oder irreführenden Verhaltensweise ist beim Pokerspieler anfänglich schwer zu erkennen. Genaues und sorgfältiges Beobachten seiner Gestik und Mimik lässt die subtilen Unterschiede mit der Zeit erkennbar werden.

9. Leitlinie: Der Mediator soll die Unterschiede zwischen Behagen und Unbehagen erkennen.

Behagen wie Zufriedenheit, Freude oder Entspannung und Unbehagen wie Misstrauen, Unruhe oder Angst haben unterschiedliche nonverbale Verhaltensweisen.

10. Leitlinie: Der Mediator soll diskret sein, wenn er andere beobachtet.

Die Beobachtung zur Entschlüsselung nonverbalen Verhaltens sollte äußerst diskret sein. Der Beobachtete sollte nicht sehen und spüren, dass er im Mittelpunkt der Beobachtung steht. [33]

---

33   Navarro, Joe. Karlins, Marvin. Menschen lesen. Ein FBI-Agent erklärt, wie man Körpersprache entschlüsselt. mvg Verlag, München, 2015, 11. Auflage. S. 22 ff.

Das praxisbezogene Wissen der nonverbalen Körpersprache Navarros und deren Anwendung für die Mediation

Nonverbales Verhalten – der Grundwortschatz

Entgegen der Schwerkraft

Positive und entspannte Gefühle und Gedanken äußern sich beim Menschen in einzelnen Körperteilen, die in ihrer Richtung nach oben zeigen. Diese Bewegungen stehen für den nonverbalen Körperausdruck, die positive Gedanken und Gefühle zeigen. Das Heben der Augenbrauen, das Zurücklehnen am Bürotisch mit gleichzeitig verschränkten Armen am Hinterkopf weist auf positive und entspannte Gefühle hin.

Kontext

Nonverbale Signale, die einzeln beobachtet werden, sind als Teil aus einer Gesamtheit der aktuellen Situation zu sehen, in der sich die Person gerade befindet. Das Zuknöpfen des Jackets in einer Gruppe unbekannter Menschen kann auf eine Schutzhandlung hinweisen. Das gleiche Verhalten in Gegenwart des Vorgesetzten, zollt ihm Respekt. Bei beiden Vorgängen ist der jeweils äußere Kontext der Situation zu beobachten und zu beachten.

Emphase

Die Emphase ist das körperliche Ausrufezeichen. Mit diesen Ausrufezeichen werden deutliche Signale gezeigt. Wenn wir reden, nutzen wir ohne darüber nachzudenken unsere Arme, Hände, Rumpf, Beine und Füße, um unsere Aussagen zu unterstreichen. Worte und Körperbewegungen bilden eine einheitliche Sprache. Der Einsatz von Arme, Hände und Füße des Körpers verdeutlicht die betonte und energiereiche Aussprache und Artikulation. Das sich auf die Zehenspitzen stellen und mit der Faust auf den Tisch schlagen zeigt die authentische Identifikation des gesprochenen.

Hinweise auf eine Absicht

Im Körper lassen sich Absichten und Wünsche erkennen, bevor diese ausgesprochen werden. Die Arme und Beine zeigen z.b. an, wenn jemand gehen will bevor die Entscheidung artikuliert wird. Der Körper dreht sich in die Richtung, in die er sich bewegen will.

Mikrogesten

Die Mikrogesten sind flüchtige Körpersignale. Sie sind authentisch und aufrichtig, da sie sich der bewussten Kontrolle entziehen.[34] Sie geben einen Eindruck in die Gefühlswelt des Menschen und stehen für Unbehagen und negative Gefühlswelten. Mikrogesten werden sehr schnell ausgeführt und sind leicht zu übersehen.

---

34 Navarro, Joe; Poynter, Toni Sciarra. Menschen verstehen und lenken. Ein FBI-Agent erklärt wie man Körpersprache für den persönlichen Erfolg nutzt. mvg Verlag München, 2015 6. Auflage. S. 55 ff.

Beruhigungsgesten

Beruhigungsgesten zeigen sich in Situationen in denen
Unbehagen vorherrscht und dienen dazu das Gefühl der
Unsicherheit abzuwenden und Behagen wieder herzustellen. Sie
zeigen, daß Menschen unter Stress stehen oder dass sie sich
mit etwas beschäftigen oder verunsichert sind. Jede
Selbstberührung oder streichende Bewegung am eignen Körper
verfolgt das Ziel sich zu beruhigen. Wir beruhigen uns, wenn wir
am Ohrläppchen zupfen oder unsere Krawatte in ihrer Positionen
richten.

Proxemik

Der Begriff wurde von E.T. Hall [35] geprägt. Hall erforschte das
Raumbedürfnis von Menschen. Das Raumbedürfnis ist sowohl
individuell als auch kulturell begründet. Innerhalb des Raumes
fühlt sich der Mensch wohl und sicher. Das Eindringen in dessen
Raum löst Reaktionen wie Kampf, Flucht oder Schockstarre aus.
An Hand von nonverbalen Verhaltensweisen des Menschen kann
man erkennen in welchem Reaktionsmuster sich dieser befindet.

Synchronie

Synchronie ist der Ausdruck der Harmonie auf körperlicher Form.
Dies zeigt die Verbundenheit und Zusammengehörigkeit
zwischen den Menschen an und das Anzeichen für das
Wohlbefinden untereinander. Jubelnde Sportfans äußern Ihre

---

35 In.: Navarro, Joe. Karlins, Marvin. Menschen lesen. Ein FBI-Agent erklärt, wie
man Körpersprache entschlüsselt. mvg Verlag, München, 2015, 11. Auflage. S.
81 ff.

gemeinsame Freude über den Sieg ihres Vereines mit dem synchronen Jubelspringen am Ende eines Spieles. Die Menschen spiegeln sich einander ohne sich darüber Gedanken zu machen.

Die Körpersprache der einzelnen Körperregionen

In Anlehnung an Navarrov`s Werke [36], werden auf den folgenden Seiten auf die einzelnen Körperregionen des Menschen eingegangen, die Bestandteil der Körpersprache sind und bei der Mediation zu beachten sind.

Zeigt her eure Füße

Füße und Beine sind die Körperteile, die uns entwicklungsgeschichtlich in Gefahrensituationen entscheidende Dienste leisten. Unser Reptiliengehirn gibt uns die Entscheidung bei Gefahr, ob wir mit unseren Füßen zum Angriff, in die Flucht oder in Schockstarre gehen. Ein Verhalten, das uns bis heute erhalten ist. Ebenso zeigen sie unsere Gefühle, wie Freude und Trauer. Mit den Füßen wird das Territorium abgegrenzt. Bevor der Gedankengang abgeschlossen ist, dass der Mensch den Ort verlassen will, haben die Füße bereits die Richtung angezeigt, die er gehen will.

Die Interpretation von wippenden Füßen und Beinen weisen auf

---

36 Navarro, Jo. Karlins, Marvin. Menschen lesen. Ein FBI-Agent erklärt, wie man Körpersprache entschlüsselt. mvg Verlag, München, 2015, 11. Auflage.
Navarro, Joe; Poynter, Toni Sciarra. Menschen verstehen und lenken Ein FBI-Agent erklärt wie man Körpersprache für den persönlichen Erfolg nutzt. mvg Verlag München, 2015, 6. Auflage.

Gefühlsregungen hin, die abhängig vom Kontext sind. z.B. können sie ein Zeichen von Unbehagen, Unwohlsein oder eine Reaktion auf eine positive Nachricht sein.

Der Rumpf

Im Rumpf befindet sich die Brust, der Bauch und die Hüften, die lebenswichtigen inneren Organe des Menschen, die bei Bedrohung und Angriff zu schützen sind. Dafür haben sich Körperhaltungen entwickelt, die bis heute wirken. Bei Gefahr dreht sich der Oberkörper zum Schutz zur Seite, um der Gefahr aus dem Weg zugehen oder der Rumpf duckt sich und die Arme legen sich schützend vor die Brust. Herrscht ein Sicherheitsgefühl vor, öffnet sich die Brust, die Arme können sich entspannt nach hinten lehnen.

Die Bekundung von Respekt wird durch ein Verbeugen ausgedrückt. Die in der vergangenen Kaiserzeit und heute in den asiatischen Ländern praktizierte Verbeugung ist eine respektvolle Geste. Im Westen wird sie nicht ausgeübt. Das Erlernen des kleiner Dieners, war noch ein Teil der Erziehung. [37]

Arme, Hände und Finger

Arme, Hände, Finger und deren Muskulatur sind menschliche Werkzeuge, die den Menschen vor Gefahr schützen. Gleichzeitig ermöglichen sie die Umwelt des Menschen zu Begreifen und zu Ergreifen. Sie sind das Stimmungs- und Gefühlsbarometer des Menschen. Bei Fußballfans zeigen sich die Gefühlserregungen in

---

37 Ebenda. S. 66. ff.

den hochhebenden Bewegungen der Arme wenn ein Ball ins eigene oder ins Tor des Gegners fällt. Die Bereitschaft auf Nähe oder Distanz zwischen Menschen zeigt sich in den abwehrenden, distanzierenden oder offen einladenden Gesten. Die Handbewegungen geben Hinweise auf das Maß an Selbstvertrauen einer Person.

Gesicht, Kopf, und Hals

Gesicht

Für das menschliche Überleben war die Fähigkeit, Gesichter zu lesen wichtig, um daraus nicht nur Informationen und Handlungen in und für Gefahrensituationen zu organisieren, sondern in der alltäglichen Kommunikation, den Gegenüber ganzheitlich zu verstehen.

Das Gesicht hat ein komplexes Zusammenspiel von Muskeln, das Ausdruck über die Gedanken und Gefühle des Anderen gibt. In der Gesichtsausdrucksmuskulatur sind der Gedankengänge abzulesen, um dadurch nonverbale Informationen zu erhalten. [38]

Kopf und Hals

Der Hals, als Verbindung zwischen Kopf und Rumpf, ist ein empfindlicher Teil des Kopfes, der eine lebenswichtige Verbindung zwischen Kopf und Rumpf ist. Der Mensch neigt seinen Hals nur, wenn er sich sicher fühlt. Es verlaufen sehr viele lebenswichtige Bahnen durch den menschlichen Hals. Die

---

38 Ebenda. S. 83. ff.

Haltung des Kopfes und des Halses geben einen Hinweis über die inneren Gefühlsempfindungen wieder. [39] Die Augen werden als der Spiegel der Seele bezeichnet und spiegeln die Gemütsverfassung des Menschen wieder. Die Bewegung der Mundwinkel geben eine Vielzahl von Gefühlsempfindungen des Menschen wieder.

Kleidung und Accessoirs

Kleidung und Accessoires geben mögliche Rückschlüsse und Interpretationen auf den Träger. Die Kleidung ist Ausdrucksmittel der eigenen Persönlichkeit, des sozialen Status, der Berufszugehörigkeit, sie gibt an, auf welcher Hierarchiestufe sich der Mensch befindet. Mit der Kleidung wird neben der Repräsentation auch eine angestrebte Nähe oder Distanz zu anderen aufrechterhalten. Die Beschäftigung mit einzelnen Kleidungsstücken gibt den Betrachter Auskunft über Gedanken und Gefühle des Trägers. Das Richten der Krawatte in Stresssituationen ist ein Hinweis auf das Bedürfnis sich Luft zu machen.

---

39 Ebenda. S. 83. ff.

Zusammenfassung

Mediation ist ein Konflikt- und Problemlösungsprozess zwischen Medianten, das strukturiert vom Mediator geleitet, um unter Einbeziehung der Gedanken, Gefühle und Emotionen, auf der Beziehungs- und Inhaltsebene, bewusste und unbewusste Probleme für die Beteiligten zu klären und zu lösen. Konflikte sind nicht nur auf der Beziehungs- und Inhaltsebene hör- und fühlbar, sie befinden sich auf dem ganzen Körper und werden durch die Körpersprache und der Muskulatur nach außen sichtbar.

Wie auf den vorherigen Seiten an unterschiedlichen Beispielen beschrieben, sind Konflikte in der Muskulatur und in der Körpersprache in Form von z.b. der Gestik, der Mimik, der Körperhaltung etc. an einzelnen Körperpartien erkennbar. Diese Körpersprache ist nur ganzheitlich verstehbar und von ihrem Kontext und der Situation abhängig. Dies erfordert vom Mediator eine gute Beobachtungsgabe und Feinfühligkeit, um die Körpersprache im Kontext bewusst zu beobachten, zu erkennen, zu interpretieren und in der jeweiligen Situation der Mediation darauf einzugehen und zu handeln. Die Körpersprache muss den Medianten bewusst gemacht werden, dann, was nützt den Konfliktparteien, wenn sie auf der Beziehungs- und Inhaltsebene dem Kompromiss zustimmen, ihre Körpersprache aber das Gegenteil spricht und der Konflikt unbewusst nicht gelöst ist. Körpersprache ist somit eine zu beachtende Ebene, um Konflikte, Gedankengänge, Gefühle und Emotionen zu erkennen, zu deuten und bewusst zu machen. Sie ist das erste und großflächige Anzeichen vom Konflikt, der in der Mediation zu beachten und zu behandeln ist. Die Körpersprache gehört somit zum Konflikt- und Problemlösungsprozess in der Mediation.

Literaturverzeichnis:

Friedemann Schulz von Thun.
Miteinander reden 1.
Störungen und Klärungen. Allgemeine Psychologie der
Kommunikation. Rowohlt, Reinbek.1981.

Miteinander reden 2.
Stile, Werte und Persönlichkeitsentwicklung. Differenzielle
Psychologie der Kommunikation. Sonderausgabe, Rowohlt
Taschenbuch Verlag, Reinbek. 2011.

Janet H. Beavin, Don D. Jackson:
Menschliche Kommunikation – Formen, Störungen, Paradoxien.
Huber, Bern 1969 (12. unveränd. Aufl. 2011).

Mediation und Konfliktmanagement:
Bartussek, W.S. 3.10. Körpersprache. in
Trenczek, Thomas; Berning, Detlev; Lenz, Cristina; Will, Hans-
Dieter.(Hrsg.). Mediation und Konfliktmanagement. Nomos
Praxis. Baden-Baden. 1. Auflage 2013.

Navarro, Jo. Karlins, Marvin.
Menschen lesen. Ein FBI-Agent erklärt, wie man Körpersprache
entschlüsselt. mvg Verlag, München, 2015, 11. Auflage.

Navarro, Joe; Poynter, Toni Sciarra.
Menschen verstehen und lenken Ein FBI-Agent erklärt wie man
Körpersprache für den persönlichen Erfolg nutzt. mvg Verlag
München, 2015, 6. Auflage.

Die humanistische Psychologie

Ihre Entstehung, ihre Grundgedanken

und zwei ihrer Vertreter

Die humanistische Psychologie.

Ihre Entstehung, ihre Grundgedanken und zwei ihrer Vertreter

Wirtschaftliche und soziale Hintergründe für die Entstehung der humanistische Psychologie

Roosevelts emotionales und intuitives Verständnis bedeutete für ihn genauso viel wie rationales Denken und Handeln. Nach dem „Schwarzen Freitag" und seiner Reformphase, „The New Deal" mit pragmatisch-humanistischer Wirtschafts- und Sozialpolitik verbesserte sich die amerikanische Wirtschaft und die Stärkung des Individuums in der Gesellschaft.

Durch die Einwanderung vieler Europäer während den 30er Jahren nach Amerika und deren existentieller Einsamkeit im Leben in der amerikanischen Gesellschaft, entwickelten sich unter den Einwanderern neurotische Formen der Einsamkeit und zunehmende Entfremdung des Einzelnen zu sich und gegenüber der Gesellschaft.

Zu dieser Zeit entwickelten Geisteswissenschaftler ein neues Bild des seelisch gesunden Menschen. Dabei setzten sie sich unter anderem mit dem europäischen Gedankengut des Existentialismus von Jean Paul Sartre, Heideggers Daseinsanalyse und Kierkegaards Reflexion des inneren Handelns auseinander.

Vier exemplarische Philosophen, die durch ihr Denken Einfluss auf die Entwicklung der humanistische Psychologie hatten.

Soeren Kierkegaard geht es bei seiner Theorie um das „Eigenverantwortliche Individuum", das in seiner lebensgeschichtlichen Struktur, Verantwortung übernimmt und Entscheidungen trifft. Die subjektive Wahrheit und die eigene Reflexion bewirken beim Individuum eine Veränderung. Selbstentfaltung ist für Kierkegaard Wahl und Entscheidung. Sie sind die wesentlichen Merkmale der menschlicher Existenz. Kierkegaard geht es dabei um die Konzeption des Einzelnen.

Martin Bubers Menschenbild legt in seinen Schriften das Konzept der „Dualität" des Menschen dar, „Ich und Du". Die „Dualität" des Menschen ist für Buber die existentielle Tatsache im Leben. In seiner „Ich-Du-Beziehung" kommt der Mensch zu seiner endgültigen persönlichen Entwicklung und Entfaltung. Der Mensch kommt erst vom Du, seiner Umwelt, zum Ich.

Heidegger betrachtet den Menschen als ein Wesen, das in der Lage ist, reflektierend nach dem eigenen Sein, seinem „Dasein" , seine Beziehung zu anderen Menschen und den Dingen der Welt zu fragen. Der Mensch ist in die Welt geworfen, lebt im „Dasein", er "Existiert" und sieht sich mit der Existenz seines Todes konfrontiert. Um auch in der Zukunft zu existieren, ist der Mensch gezwungen zu entscheiden, bzw. zu wählen, dazu benötigt er seinen Willen, den Heidegger als entscheidendes Kriterium der Selbstentwicklung und der Selbstentfaltung betrachtet.

Jean Paul Sartre sieht den Menschen, trotz seiner Freiheit, in einer „Nicht-Freiheit", in der er entscheiden und wählen muss, um zu existieren. Der Mensch muss sich diese Freiheit erkämpfen, er ist „zur Freiheit" verurteilt, um zu leben. Hinter jedem Wählen und Nicht-Wählen für die Freiheit oder der „Nicht Freiheit" übernimmt der Mensch die Verantwortung für sein Handeln. Dieses Entscheiden ist eingeschränkt durch das Umfeld des Menschen. Die Abhängigkeit des Menschen von seiner Umwelt, der Eingeschränktheit seiner Freiheit und seines Handeln, führt den Menschen zum „In-der-Welt-Sein", im hier und jetzt.

Die humanistische Psychologie als die dritte Kraft in der therapeutischen Psychologie

Ihr Begründer war *Abraham Maslow* [40], der zusammen mit Carl Roger, Sidney Jourard, Charlotte Bühler und anderen, die American Association for Humanistic Psychology im Jahre 1961 gründete. Vier zentrale Leitthesen stehen im Mittelpunkt dieser Psychologie.

- Im Zentrum der Aufmerksamkeit steht die erlebende Person. Beim Studium des Menschen steht primär sein individuelles Erleben im Mittelpunkt. Theoretische Erklärungen und sichtbares Verhalten werden als sekundär betrachtet.

- Im Mittelpunkt der Auffassung des Menschen stehen menschliche Eigenschaften, wie die Fähigkeit zu wählen, der Kreativität, der Wertsetzung und der Selbstverwirklichung.

- *„Die Auswahl der Fragestellungen und der Forschungsmethoden erfolgt nach Maßgabe der Sinnhaftigkeit..."* [41]

- Das Anliegen dieser Psychologie ist das Aufrechterhaltung von Wert und Würde des Menschen. Die Entwicklung der inneren Kräfte und Fähigkeiten, der Entdeckung des eigenen Selbst im Menschen und seine Beziehung zum Sozialen, stehen im Mittelpunkt und im Vordergrund dieser Psychologie.

Die schöpferische Energie in der Selbstverwirklichung des Menschen, der Entfaltung der eigenen konstruktiven Kräfte und der Gefühle in Richtung zur Autonomie und zur sozialer

---

40 Becker, Peter, Psychologie der seelischen Gesundheit. Bd. 1, Theorien, Modelle, Diagnostik, Verlag für Psychologie, Hogrefe, 1982, S. 44. Z. 43 – 43
41 Becker, Peter, Psychologie der seelischen Gesundheit. Bd. 1, Theorien, Modelle, Diagnostik, Verlag für Psychologie, Hogrefe, 1982, S. 45. Z. 4 – 5.

Verantwortung, sind zentrale Gesichtspunkte in der humanistischen Psychologie.

Die Wurzeln dieser Gedanken kommen aus dem Existentialismus und dem Humanismus, der Philosophen Kierkegaard, Heidegger, Jaspers, Sartre und Camus, etc.. *„ Ein Kennzeichen dieser existentialistischen Philosophie ist die Sicht vom Menschen als einem Wesen, das sich vor die Notwendigkeit gestellt sieht, im Leben Entscheidungen zu treffen und Verantwortung zu übernehmen...“* [42]

Maslows Konzept der Selbstverwirklichung

Abraham Maslow zählt zu den Hauptvertretern der humanistischen Psychologie. Seine Hypothese ist: *„ das jeder Mensch zum Zeitpunkt der Geburt über ein kreatives Potential verfügt und dass der Mensch von Natur aus gut ist.“* [43]Der Begriff Freiheit ist die Leitidee im maslowschen Menschenbild. Als erster Psychologe spricht er in seinem theoretischen Konzept und Menschenbild nicht von seelischer Erkrankung, sondern von der seelischen Gesundheit des Menschen. Zu dieser seelischen Gesundheit gehören die grundlegenden Bedürfnisbefriedigungen des Menschen und seine Tendenz zur Selbstverwirklichung. Eine gesunde Entwicklung des Menschen setzt voraus, dass gesellschaftliche Bedingungen geschaffen werden müssen, die die freie Entfaltung der menschlichen Fähigkeiten und Interessen und deren Bedürfnisbefriedigungen ermöglichen können. Im

---

42 Ebenda. S. 46, Z. 7 – 10.
43 S. 105. Z. 32 – 34.

51

Mittelpunkt seiner Persönlichkeitstheorie stehen die motivationspsychologischen Annahmen, der Grundgedanke der Hierarchie der Motive. Die menschliche Natur ist am klarsten durch das Streben nach Befriedigung bestimmter Bedürfnisse zu erklären. Diese Bedürfnisse sind hierarchisch angeordnet, es handelt sich dabei um die Hierarchie der Motive.

Wachstumsmotive,

Seinsmotive, Metamotive

Hierarchie der Motive nach Maslow [44]

Selbstverwirklichungsbedürfnis

Selbstwertbedürfnisse, (Geltungsbedürfnisse)

Bedürfnis nach sozialer Zugehörigkeit und Liebe

Sicherheitsbedürfnis

Physiologische Bedürfnisse

---

44 Ebenda. S. 106, Abb. 5.

Die fünf menschlichen Bedürfnisse

- physiologische Bedürfnisse, Bedürfnisse zum Überleben, Nahrung, Flüssigkeit, Sauerstoff, Schlaf, Sexualität, Unterkunft, Bekleidung.
- Sicherheitsbedürfnisse, Ordnung, Struktur, Vorhersagbarkeit,
  Nimmt auf dieser Ebene das Sicherheitsbedürfnis eine überdimensionale Gestalt an, entstehen neurotische Störungen, die Verwirklichung und die Umsetzung zu höheren Motiven sind behindert.
- Bedürfnis nach sozialer Zugehörigkeit und Liebe. Dieses Konzept entspricht Adlers Gemeinschaftsgefühl.
- Selbstwertbedürfnisse / Geltungsbedürfnisse. Der Mensch hat das Bedürfnis nach Selbstachtung und die Achtung der anderen Menschen zu erhalten oder etwas anders formulieren. Das Selbstwertgefühl entsteht aus erfolgreicher Anstrengung und Leistung.

Das letzte und 5. Bedürfnis sind die Wachstums-, Seins- und Metamotive.

Selbstverwirklichung des Menschen ist für Maslow die Kraft des Lebens. Defizitmotive erlöschen nach ihrer Befriedigung. Wachstumsmotive steigern die Befriedigung. Zu den Wachstums- bzw. Metamotiven gehören das Streben nach Wahrheit, Wertschätzung, Schönheit, Gerechtigkeit etc.

Seelische Gesundheit basiert auf der Befriedigung der menschlichen Bedürfnisse, dazu gehören die 5 abgebildeten Motive zur menschlichen Natur. Die seelische Gesundheit des Menschen lässt sich daran messen, auf welcher Stufe der Motivationshierarchie der Mensch in der Lage ist, seine Bedürfnisse zu realisieren. Dies kennzeichnet nicht nur den höchsten Grad seiner seelischen Gesundheit, sondern auch die Selbstaktualisierungsmotive seines Handelns.

Maslows methodisches Vorgehen

Ähnlich wie Roger ging Maslow von der Vorstellung der wahren Natur des Menschen aus, die mit psychologischen Methoden aufgedeckt und seelisch gesund werden kann, sofern durch die Umweltbedingungen die seelische Entfaltung nicht behindert wird.

Schlussfolgerung

Psychopathologie resultiert aus der Verleugnung, der Versagung und der Verdrehung der menschlichen Natur. Gesund ist, was zur Entwicklung und der Verwirklichung der menschlichen Natur fördert und beiträgt.

Psychopathologisch ist, was die Selbstverwirklichung des Menschen stört, unterdrückt oder verdreht.

Therapie ist ein Mittel, das einer Person hilft, den Weg der Selbstverwirklichung, der Selbstentfaltung und der Entwicklung ihrer inneren menschlichen Natur zurück zu finden.

Philosophische und psychologische Bezugspunkte von Abraham Maslows Konzept der Selbstverwirklichung.[45]

Existenzphilosophie (H. Bergson, M. Buber, M. Heidegger)
Phämenologie (E. Husserls, W. James, M. Merlau-Pontey)
Östliche Philosophie (Buddismus, Zen)

Selbstverwirklichung als Motivation und Bedürfnis
(Abraham Maslow)

Daseinsanalyse (M. Boss)
Behaviorismus (E. Thorndike, H. Harlow)
Organismische Psychologie Phänomenol. Wiss. Verständnis
(K. Goldstein)
Gestaltpsychologie (W. Wertheimer)

Erich Fromm
Erich Fromms Beitrag zur humanistischen Psychologie und seine Sicht über den Menschen und der Gesellschaft basiert auf unterschiedlichen geisteswissenschaftlichen Weltanschauungen.

Erich Fromm setzte sich mit dem Alten Testament, der Phänomenologie, dem Marxismus, der östlichen Philosophie (Buddismus, Zen) und der Psychoanalyse Freuds auseinander. In seiner Psychologie entwickelte er eine fundamentale Theorie der Menschen und der Gesellschaft, das den Menschen unter

---

45 Quitmann, Helmut, Humanistische Psychologie, Zentrale Konzepte und philosophischer Hintergründ, Verlag für Psychologie, Hogrefe, 1985, S. 230

sozialpsychologisch-marxistischen und der Neo-Psychoanalyse betrachtete.

Das Alte Testament:

Durch seinen jüdischen Talmudlehrer Radinkow lernte Erich Fromm die Bescheidenheit, dass der Mensch er Selbst sein soll, und dieses *Sein* im Leben umsetzen soll.

Sigmund Freud:

Als Freud-Schüler lernte er die Psychoanalyse, das Menschenbild von Freud und seine therapeutischen Anwendungen kennen.

Kritik an Freuds Theorie und an der klassischen Psychoanalyse

Fromm sah bei der Durchführung und der Anwendung in dem Theoriebau von Freud eine Erwartungshaltung des Patienten, im Ödipuskomplex, dem Kastrationskomplex etc. *„ Ich hatte keine lebendige Beziehung zum Menschen, ich sah ihn nicht als Mensch."*[46] Fromm betrachtete den Menschen in seiner Ganzheit, in der Struktur als Einzelwesen, in der Familie und unter dem Aspekt der gesellschaftlichen Bedingungen, in der er lebt.

---

46 Ebenda. S. 244,- Z. 10 – 11.

- der Mensch ist ein Bedürfniswesen, das sich aus seiner Lebenssituation ergibt, abhängig von den ökonomischen Verhältnissen, der gesellschaftlichen Struktur und er ist kein triebgesteuertes Instinktwesen
- es gibt eine zivilisierte Gesellschaft, mit Hilfe der Triebunterdrückung
- der Mensch hat keinen Instinkt und keinen triebgesteuerten, sondern einen individuellen und gesellschaftlichen Charakter, der überleben, sich entwickeln und wachsen möchte. Das Wachstumssyndrom, das Ziele sind, die Liebe zum Leben zu realisieren. Kommt das Wachstumssyndrom nicht zur Geltung, wird das Verfallssyndrom destruktiv wirksam und bringt eine Tendenz der Verhinderung des Lebens mit sich. Hier stimmen die Tendenzen von Freud und Fromm der destruktiven und lebendigen Tendenzen überein, „ *die destruktive Tendenz kommt erst dann zum Durchbruch und zur Geltung, wenn der Mensch die Tendenz zum Leben verfehlt hat, gescheitert ist.*" [47]

---

47 Ebenda. S. 245. Z. 42 – 43.

Karl Marx:

Fromm faszinierte in Marx Schriften die „ ...Vision des Sozialismus...die Idee der Selbstwerdung des Menschen.. "[48] Ziel ist die lebendige Selbstäußerung des Menschen, die durch die ökonomischen Veränderungen und deren Mittel erreicht werden. Marx erkannte, dass alle Menschen in der kapitalistischen Gesellschaft wie Gefangene leben, dass aber der Arbeiter am meisten von seiner Arbeit entfremdet ist und darunter am meisten leidet. Der Mensch sollte wieder im Zentrum der Gesellschaft leben. Sein Lebenssinn ist die volle Entfaltung seiner Persönlichkeit und seiner Kräfte, ein Selbstzweck. Fromm interpretiert Marx Aussage, dass die Religion Opium des Volkes sei unter dem Gesichtspunkt, solange die wirkliche gesellschaftliche Welt die Ansichten und die Aussagen des AT und NT nicht verwirklicht, benötigt der Mensch die Institution Kirche / Religion, die ihn an die Idee erinnert. Es kommt auf „ die Verwirklichung der Religiosität im realen Leben, dass die Gesellschaft so aufgebaut ist, daß die Prinzipien der Gerechtigkeit, der Liebe, der Wahrheit, der menschlichen inneren Produktivität und Lebendigkeit, des Seins und nicht des Habens, dass die Prinzipien in der gesellschaftlichen Praxis selbst – und nicht ersatzweise in religiösen Ideen – zur Wirklichkeit werden. "[49]

---

48 Ebenda. S. 240. Z. 10 – 11.
49 Ebenda. S: 241. Z. 20 – 45.

Fromm verbindet den Ansatz Psychologie und Soziologie, Individuum und Gesellschaft. In der Verbindung von Religion, Psychoanalyse und Marxismus betrachtet er den Menschen unter gesellschaftlichen und individualistischen Bedingungen und nicht nur unter der Bestimmtheit und Abhängigkeit des Menschen durch das Unbewusste von Freud. Christentum, Buddismus und Marxismus fordert den Menschen auf im Sein zu leben und in der Gesellschaft seine Kräfte zu entfalten.

Die Konstanten und die relativen Bedürfnisse des Menschen

Aufgrund der menschlichen Natur hat der Mensch „konstante Bedürfnisse" wie Sexualität, Hunger etc. die je nach der Kultur, unterschiedlich ausgeprägt sind. Die „relativen" Bedürfnisse, wie z.B. Geld, Ästhetik, sind Werte und Ausdruck von historischen und gesellschaftlichen Strukturen, die den Menschen beeinflussen Die Persönlichkeit des Menschen, ausgehend von der Geburt, entsteht durch einen Prozeß, so wie die Menschheit durch die Entwicklung und die Evolution entsteht. Der Mensch verfügt über das Bewußtsein, sein Selbst, über die Vernunft und die Fähigkeit das Wesen der Dinge zu erkennen. Mit diesem Bewusstsein, seiner Vernunft, seines Vorstellungsvermögens erkennt der Mensch das Getrenntsein von der Natur und zu anderen Menschen. Er erkennt die Machtlosigkeit und das Ende seiner eigenen Existenz. Der Mensch erkennt, dass er von der Natur umgeben und zugleich getrennt ist.

Existentielle und historische Dichotomien

Durch seiner Selbst Bewusstheit erkennt der Mensch die Ohnmacht und die Begrenztheit seiner Existenz. Es kommt beim Menschen zum Konflikt, die Einsicht in seine kurze Lebenszeit und die begrenzte Entfaltung seiner Persönlichkeit, die ihm im Leben zur Verfügung steht. Der Mensch ist allein, ein Einzelwesen und auf sich selbst gestellt, gleichzeitig ein Beziehungswesen, abhängig von und auf andere angewiesen.

Die Persönlichkeit und die Verantwortung des Menschen

Der Mensch muss das Risiko auf sich einlassen, und begreifen, dass er seinem Leben nur dann einen Sinn geben kann, indem er produktiv seine Kräfte darin umsetzt und entfaltet. Er strebt nach einem inneren Gleichgewicht, um Widersprüche zu überwinden. Fromm nennt dies *„den Prozess der Selbstwerdung, in dessen Verlauf der Mensch seine Umwelt und gleichzeitig sich selbst verändert."*[50]

Existentielle Bedürfnisse

- *das Bedürfnis nach Orientierung und Hingabe*
- *das Bedürfnis nach Verwurzeltsein*
- *das Bedürfnis nach Identität*
- *das Bedürfnis, etwas zu bewirken*
- *das Bedürfnis nach Transzendenz* [51]

---

50 Ebenda. S. 249. Z. 10 – 11.
51 Ebenda. S. 249. Z. 27 – 31.

Der Mensch strebt nach Beziehung um seinem Leben eine Orientierung zu geben. Dadurch vermeidet er das Erlebnis der Ohnmacht und einer isolierten Existenz. Nach Fromm wird der Mensch durch die Geburt entwurzelt. Er sucht in seinem Leben nach Verwurzelung in der Welt mit anderen Menschen, um sich aus der Abhängigkeit, mit anderen und der Macht der Vergangenheit zu befreien. Durch seine Vernunft und sein Vorstellungsvermögen, dem Bewusstsein, strebt der Mensch nach Einheit und Identität, um in der Lage zu sein, sich als Subjekt seines Handelns zu empfinden. Sein Bedürfnis nach Ganzheit ist zugleich das Bestreben mit sich und der Umwelt in Einklang zu kommen. Nur durch individuelle Identität und die produktive Tätigkeit gelangt der Mensch zur Einheit mit sich selbst und seiner Umwelt, indem er seine Liebe und seine Vernunft entfaltet. Buddismus, Taoismus, Judaismus, Christentum der Evangelien verbinden dieses Ziel um *„ zum Erlebnis des Einssein zu gelangen."*[52] Die Überlegenheit der Natur bewirkt, dass der Mensch aktiv mitwirkt und sich einwirken kann. Als Schöpfer sieht Fromm den Menschen vor die Wahl gestellt als produktiv Schaffenden oder als destruktiv Zerstörenden.

---

52 Ebenda. S. 251. Z. 11 -12.

Individuum und Gesellschaft

Der einzelne Mensch ist nur durch die Zusammenhänge der gesellschaftlich kulturellen Prozesse zu verstehen und zu begreifen. Die Dynamik des gesellschaftlichen Prozesses beeinflusst auch die Dynamik des individuellen Prozesses. Das Verstehen des einen Prozesses, setzt das Verstehen des anderen Prozesses voraus. Die moderne Gesellschaft gibt dem Individuum Mensch die Möglichkeit seine Individualität zu verwirklichen und seine Freiheit umzusetzen und zu gestalten. Der moderne Mensch hat die Schwierigkeit produktiv mit dieser freien Gestaltung seiner Individualität umzugehen oder sich wieder in die Abhängigkeit zu bringen. In der menschlichen Geschichte sieht Fromm, trotz Revolution und Freiheitstreben, die Tendenz des Menschen, die Sehnsucht nach Unterwerfung und das Streben nach Macht. Der Charakter des Menschen ist kein festgelegter biologisch gegebener Bestandteil der Natur. Der Charakter ist in seiner Entstehung ein gesellschaftlicher Prozess, der den Menschen erzeugt. Mensch, Natur und Umwelt beeinflussen sich gegenseitig. Die gesellschaftliche Situation, in der ein Mensch hineingeboren wird, und darin aufwächst, die Besonderheit der Ökonomie, bestimmen seine Charakterstruktur – und Bildung, den Selbsterhaltungstrieb und die Bedingungen mit denen er leben und sie akzeptieren muss.

Erst durch diese Einsicht und Akzeptanz kann der Mensch politische und ökonomische Veränderung herbeiführen. Der Veränderungsprozess vollzieht sich sowohl im kulturell - gesellschaftlichen Bereich, als auch im Individuum selbst.

Das Doppelte Gesicht der Freiheit

Der Prozess der Individuation bedeutet zunehmende Freiheit und gleichzeitig die Abnahme von Sicherheit und Geborgenheit. Das Wachstum und die Stärke des Selbst wird begleitet von zunehmender Vereinsamung. Die gewonnene und zunehmende Freiheit, verbunden mit der Erweiterung von Handlungsmöglichkeiten, bewirkt eine Zunahme an Eigenverantwortlichkeit.

„Freiheit von" und „Freiheit zu"

„Freiheit von" bedeutet „Sich–Frei-Machen-Von", während mit „Freiheit zu" die positive mögliche Entwicklung des Menschen gemeint ist, eine positive Beziehung des Menschen zur Umwelt aufzubauen. Unter den Aspekten der kulturellen und politischen Bedingungen könne sich „Freiheit von" und „Freiheit zu" zu entwickeln. Das Problem vom „ Doppelgesicht der Freiheit" liegt im individuellen Umgang und der Verarbeitung des Menschen der „Freiheit von" und „Freiheit zu". In der „Freiheit zu" liegt die Möglichkeit des Menschen mit diesen Folgen umzugehen. Ein Stück Freiheit bedeutet gleichzeitig Unabhängigkeit, Verantwortung für Vereinsamung, Zweifel und Angst. Hier läuft der Mensch Gefahr in die alte Abhängigkeit zurück zu fallen.

Die Selbstverwirklichung des Menschen

Für Fromm ist die Selbstverwirklichung die gesamte Persönlichkeit, dazu gehören die Emotionalität und die Intellektualität, die zum Ausdruck kommt *„die positive Freiheit besteht im spontanen Tätigsein der gesamten, integrierten Persönlichkeit"*[53]Ein kreatives Tätigsein der Persönlichkeit in ihrer Ganzheit, setzt voraus, dass der Mensch seine Selbstverwirklichung in die Umwelt mit einbringt. Das spontane Tätigsein ist die geeignete Form der „Freiheit zu", *„in der spontanen Verwirklichung des Selbst vereinigt sich der Mensch aufs neue mit der Welt..."* [54]

Zur spontanen Selbstverwirklichung von Fromm

- die Liebe des Menschen
- die Arbeit des Menschen
- die Einzigartigkeit des Menschen

---

53 Ebenda. S. 261. Z. 16 – 18.
54 Ebenda. S. 261. Z. 27 – 31.

Philosophischer Hintergrund

Der Mensch ist ein Wesen und existiert. Bei Marx und den Propheten im Alten Testament fand Fromm den Gedanken, dass das Sein die menschliche Existenz ausmacht. Es geht dabei um die Selbstwerdung des Menschen im humanen Sinne, in einer Gesellschaft, in der Gerechtigkeit, Liebe, Wahrheit des Seins und nicht des Habens, gesellschaftlich verwirklicht werden soll. Aus dem buddistischen Denken entwickelte Fromm die Eigenverantwortlichkeit des handelnden Menschen, *„verantwortlich für den Weg, den der Mensch in seinem Leben geht, ist nur er selbst.“*[55] Beim Verständnis vom „In-der-Welt-Sein" orientiert sich Fromm am marxistischen Konzept, der die Stellung des Menschen in Abhängigkeit der Gesellschaft betrachtet. Er übernimmt die ökonomische Abhängigkeit des menschlichen Seins und Lebens, sowie das Konzept der Arbeit im Sinne produktiver und kollektiver Tätigkeit als Basis der gesellschaftlichen Existenz des Menschen aus der Existenzphilosophie. Fromm ist marxistisch und phänomenologisch beeinflusst. Die Kultur und der Mensch sind nichts starres und festes, sie beeinflussen und passen sich gegenseitig an. Widersprüche in Form von seelischen und emotionalen Störungen zwingen zu menschlichen und gesellschaftlichen Veränderungen der Verhältnisse.

---

55 Ebenda. S. 266. Z. 30 – 31.

Philosophische, religiöse und psychoanalytische Bezugspunkte der Sozialpsychologisch-marxistischen Neo-Psychoanalyse von Erich Fromm.

– Altes Testament

– Phämenologie

– Marxismus

– Östliche Philosophie (Buddimus, Zen)

– Sozialpsychologie – marxistische Neo-Psychoanalyse

– (Erich Fromm)

– Psychoanalyse (Sigmund Freud)[56]

Erich Fromm und sein Beitrag zur humanistischen Psychologie

Fromm entwickelte kein psychologisches Verfahren bzw. kein therapeutisches Konzept. Er arbeitet theoretisch. Fromm kämpfte um ein theoretisches Fundament in der Psychoanalyse.

- er betrachtete den Menschen als ein geschichtliches und als ein politisches Wesen
- er verband Erkenntnisse von Marx und den Einsichten der Psychoanalyse
- Abhängigkeit von sozial-ökonomischen und psychischen Bedingungen
- die individuelle Bedeutung des einzelnen Menschen wird im gesellschaftlichen Zusammenhang analysiert
- die individuellen Bedürfnisse sind ein Ergebnis kollektiv-historischer Prozesse
- bei der Wechselwirkung von Individuum und Umwelt handelt es sich um das individualistische Verständnis von Selbstverwirklichung

---

56 Ebenda. S. 265. Abb. 7.

Literaturverzeichnis

Becker, Peter:
Psychologie der seelischen Gesundheit. Bd. 1, Theorien,
Modelle, Diagnostik, Verlag für Psychologie, Hogrefe. 1982.

Quitmann, Helmut:
Humanistische Psychologie, Zentrale Konzepte und
philosophischer Hintergründ, Verlag für Psychologie, Hogrefe,
1985.

Das Kommunikationsmodell
von Friedemann Schulz von Thun

Das Kommunikationsmodell leistet folgende Kriterien:

1. eine Analyse von Kommunikationspraktiken und ihrer Störungen im Alltag
2. eine konkrete Hilfestellung zur Förderung und Verbesserung von Kommunikation

Das Nachrichtenquadrat im Kommunikationsmodell

In diesem Kommunikationsmodell unterscheidet Schulz von Thun vier verschiedene Problembereiche in der Kommunikation. Er bezeichnet sie als die „vier Seiten einer Nachricht" bzw. das „Nachrichtenquadrat", weil sich diese Problembereiche um ein Quadrat oder Rechteck anordnen lassen.

Schaubild: Das Nachrichtenquadrat [57]

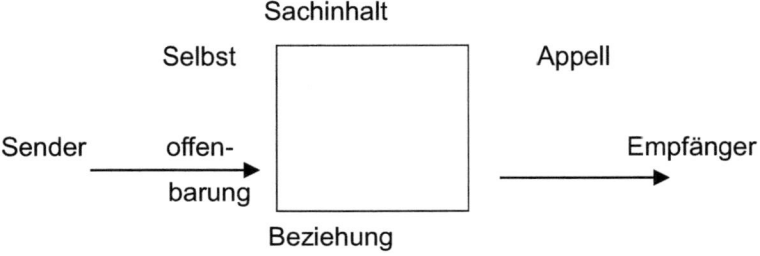

---

57 Schulz von Thun, Fr. Miteinander reden 1: Reinbek. 1986. S. 30

70

Diese vier Problembereiche (Aspekte, Momente) in der Kommunikation sind:

1. **Sachinhalt:** das, worüber ich informiere (der Inhalt der Nachricht)
2. **Selbstoffenbarung:** das, was ich von mir kundgebe (Absichten, Gefühle etc.)
3. **Beziehung:** das, was ich von dir halte und wie wir zueinander stehen
4. **Appell:** das, wozu ich dich veranlassen möchte [58]

Ein und dieselbe Nachricht enthält vier Botschaften. Der Sender sendet auf allen vier Seiten einen Problembereich an den Empfänger. Jede Nachricht lässt sich auf diese vier Problembereiche analysieren.

Die Kommunikation bzw. die Botschaften dieser vier Seiten können auf der Sender- und Empfängerseite unterschiedlich interpretiert werden.

Beispiel: Ein Mann und eine Frau sitzen im Auto, die Frau befindet sich an Steuer, der Mann ist Beifahrer.

Der Mann: Du, da vorne ist grün !
Die Frau: Fährst du oder fahre ich ! ? [59]

---

58   Ebenda. S. 26 ff.
59   Ebenda. S. 25 ff.

Das Gespräch des Nachrichtenquadrates sieht wie folgt aus:

Der Mann:

informiert   *Die Ampel ist grün*

                              (Sachinhalt)

gibt kund   *ich habe es eilig*

                              (Selbstoffenbarung)

veranlaßt   *gib Gas*

                              (Appell),

was er von ihr hält   *du brauchst meine*

                              (Beziehung). [60]

Schulz von Thun unterscheidet:

1. Nachrichten – Botschaften: Eine Nachricht (objektiv) übermittelt Informationen mit verbalen und nonverbalen Anteilen. Die Nachricht enthält gleichzeitig Botschaften (es sind Deutungen, die ich sende oder die ich empfange). Die Analyseeinheit kann ein Wort, ein Satz oder ein ganze Rede sein.

2. Explizite (ausdrücklich formulierte) oder *implizite Botschaften* (das nicht gesagte, aber in der Nachricht indirekt enthaltene Botschaften):
Diese Botschaften können auf allen vier Seiten der Nachricht gesendet werden, explizit oder implizit.

---

60 Ebenda. S. 26 ff.

3. *Nonverbale Nachrichtenanteile*: Sie haben drei Seiten, (der Sachaspekt fehlt, weil Begriffe und Sätze außer Betracht bleiben.) Implizites wird durch Stimme, Betonung, Körpersprache etc. ausgedrückt.

Beispiel:

Wenn jemand weint:

(Selbstoffenbarung)	**Ich bin traurig**
(Beziehung)	**Soweit hast du es gebracht**
(Appell)	**Bitte schone mich**

Schweigen im Zugabteil:

(Selbstoffenbarung)	**Ich will meine Ruhe haben**
(Appell)	**Fangen Sie kein Gespräch mit mir an**
(Beziehung)	**das ist kein Gesprächspartner für mich** [61]

4. ***Kongruente und inkongruente Nachrichten*:** *„Eine Nachricht heißt kongruent, wenn alle Signale in die gleiche Richtung weisen, wenn sie in sich stimmig ist"* [62] Bei inkongruenten Nachrichten stehen die sprachlichen und nichtsprachlichen Zeichen in Widerspruch zueinander. Die liebevolle inhaltliche Aussage, die mit einer eisigen Stimme ausgesprochen wird. Inkongruente Nachrichten sind oft Signale für eine gestörte oder schwer interpretierende Kommunikation.

---

61 Schulz von Thun. In Retter, Hein. Studienbuch Pädagogische
    Kommunikation. Klinkhardt. 2. Auflage. S. 274. 5-9.
62 Schulz von Thun, Fr. Miteinander reden 1: Reinbek. 1986. S. 35. Z. 10-11.

Mit jeder Kommunikation findet auch eine Metakommunikation statt. Die Mitteilungsebene der Kommunikation wird ständig von der Meta-Ebene begleitet, ob der Sender es möchte oder nicht. Damit ist gemeint, hat der Empfänger verstanden, was der Sender in der Kommunikation gesendet hat.

Die Kommunikation und die Metakommunikation:
Die Botschaften in den Ebenen der Kommunikation und der Metakommunikation qualifizieren sich einander. Sie geben sich wechselseitig eine Interpretationshilfe wie die Botschaft auf der anderen Seite gemeint sind. Es wird unterschieden:

- *Qualifizierung durch den Kontext:* Wenn der Frau das Essen angebrannt ist und der Mann sagt: „Ich bewundere deine Kochkünste". Hier wird die Umkehrung des Bedeutungsinhaltes aus dem Umfeld der Wahrnehmung deutlich.

- *Qualifizierung durch den Tonfall:* Ein Satz kann vom Sender zum Empfänger sarkastisch oder lächerlich-humorvoll gesagt werden. Im Tonfall kann Karikatur, Ironie, etc. zum Ausdruck gebracht werden.

- *Qualifizierung durch die Körperbewegung (Mimik und Gestik):* Eine Aussage kann durch die Körpersprache ins Gegenteil gebracht werden (Selbstoffenbarung).

- *Qualifizierung durch die Art der Formulierung*: Die Art und Weise, wie jemand einen Sachverhalt formuliert, qualifiziert das Gesagte.[63]

---

63 Ebenda. 36 ff.

In den Mittei ungen der Kommunikation wird die übergeordnete Meta-Ebene angesprochen. Die Mitteilung wird zur Deutung herangezogen. Die inkongruenten Nachrichten werden entschlüssel: um den gemeinten Sinn zu verstehen. Inkongruente Nachrichten können für den Sender und für den Empfänger eine unsichere Situation schaffen. Der Empfänger kann in eine Zwickmühle geraten, weil er mit einer paradoxen Aussage konfrontiert wird. (Paradoxe Appelle werden weiter unten erklärt.)

Mit vier Ohren empfangen

Der Empfänger verwendet zum entschlüsseln der Nachricht vier verschiedene Ohren. Der Empfänger hat vier Ohren, mit denen er die Nachricht des Senders interpretiert. Beim empfangen der Nachricht kann der Empfänger jede der vier Seiten einseitig entschlüsseln. Als Empfänger von Nachrichten hören die Menschen keineswegs auf allen vier Ohren gleich gut oder gleich schlecht. Wenn nur mit einem Ohr die Nachricht gehört oder entschlüsselt wird, kann die Botschaft falsch verstanden werden. Die Nachricht eines Nachrichtenquadrates hat vier Seiten. Jede der vier Seiten des Nachrichtenquadrates führt zu Kommunikationsstörungen, wenn die Nachricht einseitig entschlüsselt wird.

Das Sachohr:

Die Sachseite enthält eine Nachricht und sie gibt Auskunft über ein Gesprächsthema. Die Nachricht enthält eine Sachinformation. Ein Beispiel:

Mutter: „Und zieh dir `ne Jacke über, ja! – Es ist kalt draußen."
Tochter: (in etwas patzigem Tonfall) „Warum denn? Ist doch gar nicht kalt!" [64]

Die Mitteilung der Mutter umfasst die vier verschiedenen Seiten:

Sachinhalt:	Es ist kalt draußen
Selbstoffenbarung:	Ich bin um deine Gesundheit besorgt
Appell:	Zieh eine Jacke an
Beziehungsseite:	Allein wirst du nicht die richtige Entscheidung treffen können.

Die Mutter hörte mit dem „Sachohr" und die Tochter hörte mit dem „Beziehungsohr". Beim vertreten des Sachstandpunktes darf in der argumentativen Auseinandersetzung über einen Inhalt der Beziehungsaspekt nicht vernachlässigt werden.

Um Konflikte auf der Sachebene zu vermeiden, ist es von Vorteil den Inhalt auf der Sachseite zu strukturieren. Die Aussagen auf der Sachseite sollen verständlich dargestellt werden, um eine

---

64 Ebenda. S. 48 ff.

Unverständlichkeit zu verhindern. Strukturmöglichkeiten auf der Sachseite sind folgende Aspekte:

1. Einfachheit statt Kompliziertheit des Themas
2. Gliederung des Themas (in einer Ordnung) – um Unübersichtlichkeit bzw. Zusammenhanglosigkeit des Themas zu vermeiden
3. Kürze (Prägnanz) statt Weitschweifigkeit des Themas
4. Zusätzliche Stimulanz statt keine zusätzliche Stimulanz des Themas [65]

Sachinhalte können verständlich vermittelt werden, wenn sie einfach, prägnant, klar gegliedert sind und stimulierend wirken.

Das Beziehungsohr:

Der Sender drückt in seiner Nachricht aus, wie er zum Empfänger steht und was er von ihm hält. Mit der Nachricht teilt der Sender dem Empfänger mit, wie er die Beziehung zwischen dem Sender und dem Empfänger sieht und wie sie zu einander stehen. Der Empfänger kann die Nachricht auf der Beziehungsseite unterschiedlich entschlüsseln. Auf der Empfängerseite gibt es dafür vier Möglichkeiten.

---

65 Ebenda. S. 140 ff.

Die vier Reaktionen des Empfängers auf einen Beziehungsvorschlag

1. *Akzeptieren:* Wenn der Empfänger die Botschaft als stimmig in der Beziehung erlebt, die er zum Sender hat, verhält er sich zustimmend.

2. *Durchgehen lassen:* Der Empfänger stimmt der Beziehungsdefinition nicht zu, er macht keinen Einwand und er äußert sich nicht.

3. *Zurückweisen:* Es ist eine negative Reaktion des Empfängers. Der Empfänger gibt zu erkennen, dass er die Beziehung anders betrachtet als der Sender.

4. *Ignorieren (entwerten):* Die Verhaltensweise ist negativ und hat Folgen für den Sender. Der Empfänger verweigert die erkennbare Reaktion auf ein Signal des Senders. Er reagiert überhaupt nicht und beachtet den Sender nicht. [66]

Die drei Grundarten der Beziehungen.

In diesem Kommunikationsmodell werden drei Grundarten von Beziehungen betrachtet. Dazu gehören:

Symmetrische Beziehungen:

Symmetrisch ist eine Beziehung dann, wenn beide Partner dem anderen gegenüber das gleiche Verhalten zeigen können. Etwa wenn beide Vorschläge machen, den anderen kritisieren, ihm Ratschläge geben können.

Komplementäre Beziehungen:

Komplementär ist eine Beziehung dann, wenn A andere Verhaltensweisen zeigt als B, die beiden Verhaltensweisen sich

---

66 Ebenda. S. 178. ff.

aber ergänzen und gleichsam aufeinander zugeschnitten sind. Der eine fragt, der andere antwortet; der eine lehrt, der andere lernt; der eine befiehlt, der andere gehorcht. Meist impliziert die Unterschiedlichkeit ein Art von Überlegenheit und Unterlegenheit, der eine hat die Oberhand, der andere die Unterhand.

Metakomplementäre Beziehungen:
Zunächst scheint es so, als könne es nur symmetrische und komplementäre Beziehungen geben. Die Sache wird aber kompliziert, wenn wir an Situationen denken, in denen A seinen Partner B dazu bringt, über ihn zu verfügen oder ihn zu lenken oder ihm zu helfen. B hat damit die Oberhand, indem er diese Art von komplementärer Beziehung herbei gefügt hat.[67]

Das Selbstoffenbarungsohr:
Die Selbstoffenbarung gibt Auskunft über die Person des Senders. Die Selbstoffenbarung ist die Ich-Botschaft des Senders zum Empfänger. Der Sender äußert, was er von sich kund gibt. Die Selbstoffenbarungsseite des Senders enthält die Selbstdarstellung und die Selbstenthüllung in der Nachricht. Diese Seite ist die psychologische Seite des Senders. Sie gibt Auskunft über seine Persönlichkeit. Der Sender vermittelt dem Empfänger, welchen Eindruck er von sich gibt. Hier präsentiert der Sender seine Persönlichkeit im Gespräch, seine Gedanken und was er Aussagen möchte. Auf dieser Seite kann der Sender sich offen oder versteckt zum Empfänger äußern. Äußert sich

---

67   Ebenda. S. 181 ff.

der Sender auf dieser Seite versteckt, kann es zu einem Konflikt im Gespräch kommen. Der Sender offenbart sich dann dem Empfänger in der Selbstdarstellung und in der Selbstverbergung.

Die Selbstdarstellung und die Selbstverbergung

Die Selbstoffenbarung hat zwei problematische Formen der Darstellung. Einmal die übertriebene Selbstdarstellung (Selbstüberheblichkeit) und die Selbstverbergung.

Folgende Selbstdarstellungsformen sollen vom Sender vermieden werden.

1. Imponiertechniken: Die Person stellt sich selbst dar und zeigt was sie kann. Sie stellt sich mit ihrer Persönlichkeit in den Vordergrund. Mögliche Aussagen können sein: *„Seht her, wer ich bin, was ich kann, was ich habe."*

2. Fassadentechnik: Die negativ empfundenen Anteile der Person sollen für die andere Person verborgen bleiben. Die Selbstoffenbarungsängste der Person werden dadurch zurückgedrängt. Sie möchte keine Schwächen, keine Gefühle zeigen, nicht angegriffen werden und sich nichts anmerken lassen.

3. Demonstrative Selbstverkleinerung: Die Person stellt sich hilflos dar. Sie kann durch dieses Verhalten einen Gewinn beim anderen herausholen. [68]

Schulz von Thun bietet für die Selbstoffenbarung fünf optimale
Verhaltensweisen an:

1. Authentizität:

Die Person soll sich nach außen so geben, wie sie sich innerlich
fühlt.

2. Empathie:

Die Person soll so handeln und sich so darstellen, dass die
andere Person sein Verhalten und seine Äußerungen
akzeptieren kann.

3. Interessenkollision:

Die Aussprache des eigenen Problems, damit dich die andere
Person versteht und das der andere deine eigene Situation
verstehen karn.

4. Vermeide verdeckte Appelle in deiner Selbstoffenbarung

5. Die Selbstoffenbarung im Bedarfsfall mit einem offenen

Appell verbinden und die Folgen der Beteiligten mitzubedenken.
Die Offenheit des eigenen Handelns und die Ernsthaftigkeit des
Vorgehens müssen deutlich werden. [69]

---

68   Ebenda. S. 106 ff.
69   Schulz von Thun. In Retter, Hein. Studienbuch Pädagogische
     Kommunikation. Klinkhardt. 2. Auflage. Bad Heilbrunn. S. 281. ff

Das Appellohr:

Auf der Appellseite verfolgt der Sender eine Absicht beim Empfänger. Der Sender möchte dabei auf den Empfänger Einfluss nehmen. Der Empfänger hat die Aufgabe die Nachricht zu entschlüsseln: Er hat zu entscheiden, ob er die Mitteilung als Selbstoffenbarung des Senders oder als Appell an den Empfänger verstehen soll. Im Appell wird dargestellt und ausgedrückt, wie ich mich fühle, was mich bewegt. Es ist gleichzeitig eine Mitteilung und ein Hinweis darauf, was sein soll. Der Sender möchte beim Empfänger etwas erreichen, etwas bewirken. Es ist eine ausdrucks-, oder wirkungsorientierte Kommunikation.

Teilt der Empfänger seine Enttäuschung mit, weil er von der Aussage des Senders betroffen ist oder möchte der Sender beim Empfänger etwas erreichen?

Ist das Ausdrucksverhalten ein Mittel zum Zweck?

Hier wird von einem verdeckten Appellen gesprochen.

Schulz von Thun zeigt im Ausdrucksverhalten auf der Appellseite, Ausdruck und Wirkung, als zwei Funktionen der Kommunikation.

Ausdruck	Wirkung
Weinen	Auf die Tränendrüse drücken
Loben	Streicheleinheiten verpassen
Berichten	„Tendenziös" informieren (mit Manipulationsabsicht)
Erzähler	„Moral von der Geschichte" vermitteln [70]

Sind Appelle erfolglos, können darin bestimmte Ursachen liegen, damit ein Ziel beim Empfänger nicht umgesetzt wird. Erfolglose Appelle werden weiter unten erläutert.

Von den Erfolglosigkeit der Appelle

Nach Schulz von Thun sind Appelle deshalb erfolglos, weil sie:

- *Vermutlich die Beziehungsseite der Kommunikation belasten*

- *Dem anderen keine Chance geben, von sich aus das zu leisten, was der Appell fordert*

- *Einen allzu starken Eingriff in die selbst zurechtgezimmerten Vorstellungen dessen, was gut und richtig ist, bedeuten können (den „Seelenfrieden stören")*

- *Generell kein probates Mittel für „tiefgreifende" (aus eigener Überzeugung einzuleitende) Veränderungen des Verhaltens darstellen[71]*

70 Schulz von Thun, Fr.. Miteinander reden 1. Störungen und Klärungen. Reinbek. 1983. S. 212. ff.
71 Schulz von Thun. In Retter, Hein. Studienbuch Pädagogische

Schulz von Thun spricht von zwei weiteren problematischen Formen des Appells. Diese können in der Gestalt von verdeckte (heimliche) und als paradoxe Appelle auftreten.

Versteckte, paradoxe und offene Appelle

Verdeckte Appelle:

Der Sender teilt dem Empfänger eine Nachricht mit. Fragt der Empfänger den Sender nach dem Zweck der Nachricht, kann der Empfänger erfahren, welche Handlung beim Empfänger erwartet oder beabsichtigt wird. Bei der Analyse verdeckter Appelle steht das Ziel des kommunikativen Verhaltens im Vordergrund.

In den verdeckten Appellen zieht sich erstens der Sender aus der Verantwortung. Zweitens sind verdeckte Appelle erfolgreich, wenn der Sender weiß, wie er den Empfänger erreichen kann, um ihm seine Sende-Absicht zu vermitteln. Für den Sender kann es eine erfolgreiche Strategie sein, seine Vorstellungen beim Empfänger durch zusetzten. Der Empfänger kommt dann in eine Schwierigkeit, wenn damit ein Abhängigkeitsverhältnis oder eine problematische Verhaltensweise entsteht.

Kommunikation. Klinkhardt. 2. Auflage. Bad Heilbrunn. S. 283. ff.

Paradoxe Appelle:

Nach Schulz von Thun sind Paradoxe Appelle Entscheidungsprobleme, bei denen beide Alternativen gleich schlecht oder beide attraktiv sind.

„Wer hier von einem Gesprächspartner für eine der beiden Entscheidungsmöglichkeiten emotional oder argumentativ Unterstützung erhält, wird dem keineswegs sofort zustimmen, sondern versuchen, sich in Gegenrede zu üben, indem er die andere Alternative besonders stark entgegenhält. Probleme entsehen, weil ein bestimmter Mangel vorherrscht oder ein Zuviel des Guten an unerwünschten Sachverhalten zu konstatieren ist, werden gelöst, indem man sich bemüht, den Mangel zu beseitigen oder die Zahl der unerwünschten Ereignisse zu verringern."[72]

Eine Person versucht verzweifelt einzuschlafen. Sie probiert es mit viel Anstrengung und mit unterschiedlichen Möglichkeiten aus. Sie hat aber keinen Erfolg.[73] Was soll die Person tun? Es wird ihr empfohlen die Augen offen zu halten und solange versuchen wach zu bleiben, bis sie einschläft. Der Person wird das Gegenteil ihres Problems empfohlen und sie erreicht den Schlafzustand. Paradoxe Appelle sind schwere Kommunikationsstörungen. Unter bestimmten Bedingungen ist es möglich mit der *Symptomverschreibung* eine therapeutische Wirkung zu ermöglichen.

---

72 Ebenda. S. 285.
73 Schulz von Thun, Friedemann. Miteinander reden 1: Störungen und Klärungen. Reinbek. 1986. S. 243

Offene Appelle:

In den offenen Appellen macht der Sender seine eigentlichen Absichten dem Empfänger bewusst, im Vergleich zu heimlichen Appellen. Verdeckte oder paradoxe Appelle stellen den Versuch dar, die eigenen Absichten zu verwischen. Die Gründe können sein:

- *Angst vor Zurückweisung*
- *Selbstoffenbarungsangst*
- *Unklares Ausmaß an Zumutung*
- *Ermöglichung von Freiwilligkeit*
- *Befürchtung, dass dem Empfänger der Mut zum Nein fehlt*
- *Vermeidung von Verantwortung* [74]

Aus diesen Gründen stellt Schulz von Thun zwei negative Folgen den verdeckten Appellen gegenüber:

1. dass jeder verdeckte Appell die Qualität der Handlung, an die appelliert wird, sich verändert: das erwünschte Verhalten vom Empfänger kann insgeheim nicht geleistet werden.
2. dass die Vorteile verdeckter (und paradoxer) Appelle langfristig die Kommunikation blockieren. Das Beziehungsverhältnis ist dann belastet.[75]

Der offene Appell ist die direkte Äußerung eines Wunsches, einer Absicht oder einer Erwartung des Senders an den Empfänger.

---

74 Ebenda. S. 246 ff.
75 Schulz von Thun . In Retter, Hein. Studienbuch Pädagogische Kommunikation. Klinkhardt. 2. Auflage. Bad Heilbrunn. S. 287. ff

Der direkte Appell in einer Kommunikation ist das Gegenteil von:

- *taktischen Schleichwegen*
- *vom konfluenten Umgangsstil, der keine Interessengegensätze auf den Punkt bringen kann*
- *unausgesprochene Wünsche, deren Unterdrückung oft zu einer Vergiftung der Atmosphäre führt und die später als Vorwürfe wiederkehren*
- *rückwärtsblickende Klagen, die den Blick in die Zukunft verhindern.*[76]

Der offene Appell benötigt bestimmte Voraussetzungen, wenn er in der Kommunikation eingesetzt wird. Dazu gehören die Aspekte, der Wille zur Transparenz und zur Information des Empfängers, einen konstruktiven Umgangsstil, eine Klarheit über die eigene Absicht, das Wissen um die Zumutbarkeit des erwünschten Verhaltens und die Übernahme von Verantwortung für die getroffene Entscheidung auf Seiten des Empfängers. Der Empfänger kann sich beim Empfangen eines offen Appells seiner Entscheidung nicht entziehen. Er muss sich klar äußern, mit Ja oder mit Nein. Für seine Entscheidung trägt er die Verantwortung.

---

76 Ebenda. S. 287.

Schlussbetrachtung:

Wenn es um das Verständnis der Alltagskommunikation geht, ist das Kommunikationsmodell von Schulz von Thun ein attraktives Modell. Es löst in theoretischer, in praktischer und in verständlicher Weise die Probleme des Alltags. Es gibt Hilfen zur Verbesserung in der kommunikativen Beziehung. Das Kommunikationsmodell gibt eine leicht verständliche Anwendung der Kommunikation.

Literaturverzeichnis:

Retter, Hein
Studienbuch Pädagogische Kommunikation. Klinkhardt. 2. Auflage. Bad Heilbrunn.

Schulz von Thun, Friedemann
Miteinander reden 1: Störungen und Klärungen. Psychologie der zwischenmenschlichen Kommunikation. Reinbek.1986.

Carl Rogers und die
Klientenzentrierte Gesprächspsychotherapie

Einleitung

Was stellt sich eine normal Sterbliche unter Humanistische Psychologie vor? Welche Worte werden fallen? – Vielleicht Begriffe wie Menschlichkeit- Ganzheitlich- Selbsterfahrung- Besinnung- Hier und Jetzt...und welches Menschenbild steckt hinter solchen Begriffen? Welche Werte verbinden sich mit dieser psychologischen Strömung?

In meiner Arbeit werde ich aufbauend auf den Grundannahmen der Humanistischen Psychologie, die von Carl Rogers entwickelte Klientenzentrierte Gesprächspsychotherapie erläutern. Dabei werde ich ausgehend vom persönlichen Lebensweg Rogers die Theorie der Klientenzentrierten Gesprächpsychotherapie in seinen Grundzügen darstellen. Im Folgendem werde ich die Geschichte, die besonderen Merkmale sowie die Verbindung Rogers zu den Psychoanalytiker Otto Rank, bearbeiten.

Grundannahmen der Humanistischen Psychologie

Die Humanistische Psychologie entstand in den 50er Jahren. Sie zu definieren ist gar nicht leicht, denn sie ist keine gradlinige aus einer bestimmten Tradition heraus entwickelte und in sich geschlossene Theorie. Vielmehr wird man ihr gerecht, wenn man sie als eine Bewegung betrachtet, in der ein Menschenbild verfolgt wird, in dem die verschiedensten philosophischen, politischen und psychologischen Strömungen zum Tragen kommen. Ihre Wurzeln liegen in der philosophischen Tradition der Phänomenologie, des Existenzialismus und nicht zuletzt des Humanismus. Als gemeinsam gilt diesen drei Traditionen, dass sie die Einzigartigkeit des Einzelnen gegenüber dem Allgemeinen betonen. Als psychologischen Vorbilder dienten die Gestalt- und Ganzheitspsychologie, die das Streben des Einzelnen nach Sinn und Selbstverwirklichung in den Vordergrund stellen. In der Literatur wird die humanistische Psychologie oft, neben der klassischen Psychoanalyse und dem Behaviorismus, als dritte Kraft bezeichnet. Die Psychoanalyse nach Sigmund Freud, die den Menschen als von biologischen Trieben gesteuert betrachtet, und der Behaviorismus, der das menschliche Verhalten darauf zurückführt, auf äußere Reize zu reagieren, erschienen den humanistischen Psychologen als wenig brauchbar, um ihren ganzheitlichen Menschenbild gerecht zu werden. Da der Behaviorismus seine Verhaltensgesetze hauptsächlich aus Experimenten mit Tieren ableitet, macht die humanistische Psychologie ihm zudem den Vorwurf der Dehumanisierung. Zutiefst menschliche Fähigkeiten wie Aspekte der Kreativität werden aus der behavioristischen Theorie ausgegrenzt. Die behavioristische sowie die psychoanalytische Sicht widersprechen zudem dem idealistischen Bild der humanistischen Psychologie, die den Menschen von Natur aus grundsätzlich positiv sieht und Destruktivität oder Bösartigkeit auf ungünstige Umweltbedingungen zurückführt. Wesentlich für die humanistische Psychologie ist das Individuum mit einem subjektiven Erleben in Beziehung zu anderen Menschen. Betont werden spezifisch menschliche Eigenschaften und die Tendenz zur Selbstverwirklichung, der wohl wichtigste Begriff dieser Strömung. Im Gegensatz zum Behaviorismus liegt der Akzent nicht auf der Objektivität messbarer Daten, sondern auf die Sinnhaftigkeit menschlicher Entwicklung und Ziele. Anders als in der psychoanalytischen Tradition richtet sich das Interesse auf die Gegenwart. Frühere Erfahrungen haben nur insofern einen Stellenwert, als sie zur Wahrnehmung und Interpretation der Realität im gegenwärtigen Augenblick beitragen.

Als 1962 die American Association of Humanistic Psychology gegründet wurde, war sie vor allem eine Protestbewegung, nicht nur eine Ergänzung, sondern eine deutlich formulierte Abgrenzung zu den beiden vorgenannten Richtungen. Zu den bekanntesten Psychologen der Gründergeneration zählen Charlotte Bühler, Abraham Maslow und nicht zuletzt Carl Rogers. Ihre Vorstellung von Psychologie war, dass sie sich mehr mit den Problemen der Menschheit und weniger mit den Problemen der Berufsvereinigung beschäftigen sollte. Unter den vielfältigen Strömungen der Humanistischen Psychologie kommt der Klientenzentrierten Gesprächspsychotherapie, die vom amerikanischen Psychologen Carl R. Rogers entwickelt wurde, wegen ihrer Verbreitung, aber auch hinsichtlich ihrer wissenschaftlichen und theoretischen Fundierung besondere Anerkennung zu.

Die Geschichte der Klientenzentrierten Gesprächspsychotherapie

Um die Entwicklung der Klientenzentrierten Psychotherapie nachvollziehen zu können, möchte ich auf den persönlichen Lebensweg von Rogerseingehen. Rogers selbst stellt seine Arbeit in Zusammenhang mit seinen ganz persönlichen Erfahrungen. So erklärte er rückblickend, dass sein Interesse an therapeutischen Gesprächen mit Menschen, zum Teil aus seiner früheren Einsamkeit herrührte. Er sah darin einen gesellschaftlich anerkannten Weg mit Menschen in Kontakt und ins Gespräch zu kommen.

Persönlicher Hintergrund

Carl Rogers wurde am 8. Januar 1902 in Oak Park, einer Vorstadt von Chicago, Illinois, als viertes von sechs Kindern geboren. Sein Vater war ein erfolgreicher Ingenieur und seine Mutter Hausfrau und eine hingebungsvolle Christin.

Seine Kindheit war von einem engen, vom Pietismus geprägten Elternhaus bestimmt. Rogers selbst charakterisierte die Haltung seiner Familie anderen Menschen gegenüber wie folgt:" Sie verhalten sich auf recht zweifelhafter Art und Weise, spielen Karten, gehen ins Kino, rauchen, tanzen, trinken und tun andere unaussprechliche Dinge. Das Beste, was man tun kann, ist, sie zu tolerieren, weil sie es vielleicht nicht besser wissen, sich vor jeder engen Berührung mit ihnen fernzuhalten und ein eigenes Leben innerhalb der Familie zu leben. Komm von ihnen weg und bleib für dich ist ein befolgenswertes Wort der Bibel." So blieb Rogers der Kontakt zu seiner Umwelt nahezu verwehrt, aber auch innerhalb der Familie kam es zu keinem Austausch von persönlichen Gedanken und Gefühlen. Die Folge war, dass Rogers keine engen Freunde hatte. Vielmehr waren die Kinderjahre durch Distanz und Zurückhaltung anderen gegenüber gekennzeichnet. Erschwert wurde das Schließen von Freundschaften auch durch die zahlreichen Schul- und Ortswechsel, die dazu führten, dass Rogers an keinen Ort Wurzeln schlagen konnte. Diese Außenseiterrolle durchzog auch die Zeit der Pubertät. Rogers pflegte nur oberflächliche Kontakte und drückte seine Gefühle in Englischaufsätzen aus. Sein großes wissenschaftlichen Interesse am Sammeln und Aufziehen von Nachtfaltern bezeichnete Rogers später als Kompensationsmittel, als Ersatz für enge Bindungen. Das Resultat dieser Erziehung war, dass Rogers sich zu einem eher isolierten, unabhängigen und disziplinierten Mann entwickelte.

Als junger Erwachsener belegte er Kurse für Landwirtschaft an der University of Wisconsin. Dann aber wechselte er das Fach und studierte Theologie. In dieser Zeit entdeckte Rogers zum ersten Mal, was es heißt, Kameraden beziehungsweise Freunde zu haben, mit denen er interessante Diskussionen sowie persönliche Gespräche führen konnte. Rogers berichtet aus dieser Zeit von einem Diebstahldelikt, mit dem er aufgrund einer Tätigkeit in einem Jugendsommerlager konfrontiert wurde. Die folgende Befragung des in Verdacht stehenden Jungen wurde für

Rogers zu einem Schlüsselerlebnis, denn Rogers wurde durch die Art der Befragung deutlich, was er bis dato unter Hilfe verstand: „Man bringt einen Menschen dazu, sein schlechtes Verhalten zu bekennen, auf dass er dann belehrt werden kann, welches der richtige Weg sei."

Nach seinem Universitätsabschluss heiratete er Helen Elliot und zog nach New York. Die Erfahrungen die er durch die Ehe sowie den Besuch eines Seminars von Goodwin Watson über Arbeit mit jungen Leuten machte, weckten in Rogers den Gedanke seine berufliche Zukunft in der Arbeit mit Menschen zu suchen. Er sah darin einen Weg aus der religiösen Tätigkeit heraus. Die Folge war, dass Rogers auf das Teacher`s College Columbia wechselte und ein behavioristisch orientiertes Psychologiestudium absolvierte. Dabei lernte er in seiner Ausbildungszeit in Klinischer Psychologie zwei Vorgehensweisen kennen, wie man Menschen, die nach Hilfe suchen, begegnen kann. So empfand er den Ansatz am Teacher`s College als kalten Ansatz, indem der Patient Messungen, diagnostischen Interviews und Behandlungsvorschriften unterzogen wurde. In der darauf folgenden Zeit am psychoanalytisch orientierten Institute for Child Guidance, lernte er die Patienten anhand von Fallgeschichten kennen und erlebte, wie der Einzelne und seine Lebensgeschichte im Mittelpunkt des Interesses standen. Daran schlossen sich Tests und viele Gespräche mit dem Patienten selbst an, ehe über die Behandlung entschieden wurde.

Nach der Ausbildung nahm Rogers eine Tätigkeit an der Child Guidance Klinik in Rochester auf und erlebte hier ein weiteres Schlüsselerlebnis für sein späteres Verständnis hilfreicher Gespräche. Bei der Behandlung eines schwierigen Kindes hatte er die Aufgabe die begleitenden Gespräche mit der Mutter zu führen. Am Ende dieser Gespräche fragte die Frau, ob es auch Beratungsangebote für Erwachsene gebe? Diese Erfahrung war für Rogers von großer Bedeutung und veränderte seine Auffassung über die Rolle des Therapeuten.

Die Entwicklung der Klientenzentrierten Gesprächspsychotherapie

Die wesentliche Grundkonzeptionen der klientenzentrierten Psychotherapie wurde von Rogers in den Jahren 1938- 1960 entwickelt. Insgesamt lassen sich in dieser Entwicklung drei Phasen mit unterschiedlichen Schwerpunkten unterscheiden, die ich im folgenden erläutere.

Der Beginn war in den Jahren 1940 bis 1945 an der Ohio State University. Im Vordergrund stand das nondirektive Verhalten des Therapeuten und die Umbenennung des Patienten in Klienten. Man hatte diese Bezeichnung vorgezogen, um deutlich zu machen, dass es sich nicht um eine manipulative oder medizinisch verordnete Methode handelt. Im Zentrum dieser klientenzentrierten Psychotherapie stand die Auseinandersetzung des Klienten mit seiner eigenen

Gefühlswelt. Aufgabe des Therapeuten war es vor allem den Klienten zu einer höheren Selbstwahrnehmung und Reflexion der eigenen Gefühle zu verhelfen. Diese Methode wurde seinerzeit in der Fachwelt als Spiegeln von Gefühlen bekannt. Dies sollte in einer Atmosphäre von Sicher- und Geborgenheit statt finden, in welcher der Klient imstande war, eigene Entdeckungen zu machen und selbständige Entscheidungen zu treffen; keinesfalls sollte er sich als Objekt der Behandlung empfinden.

In der zweiten Phase (1950- 1957) wurde der Fokus vom nondirektiven hin zum klientenzentrierten Therapeutenverhalten gelegt. „Die Betonung lag nunmehr auf der Kongruenz, der Echtheit des Verhaltens, womit Rogers verdeutlichen wollte, dass Empathie in therapeutischen Gesprächen nur dann hilfreiche Entwicklungen fördert, wenn es nicht als Technik praktiziert wird, sondern wenn es Ausdruck der Einstellung des Therapeuten ist." Dieses einfühlende Verstehen ist dann gegeben, wenn der Therapeut versucht, sich die innere Erlebniswelt des Klienten vorzustellen.

In den 60er Jahren wurde die Atmosphäre betont, in der die Begegnung von Mensch zu Mensch stattfand. Das Verständnis davon, was hilfreiche Gespräche sind, entwickelt sich fortan immer weg von dem technischen Aspekt der Verbalisierung von Gefühlen hin zu einer zwischenmenschlichen Begegnung, in der der Therapeut eine Beziehung zu seinem Gegenüber aufnimmt und auch eigene Gefühle zeigt. Rogers verfolgte damit nicht nur eine Methode sondern eine Lebensphilosophie.

Die Theorie der Klientenzentrierten Gesprächspsychotherapie

Im Mittelpunkt von Rogers theoretischem Interesse stand immer die Therapie, d.h. die Möglichkeit der Veränderung der menschlichen Persönlichkeit im therapeutischen Prozess. Von erheblicher Bedeutung für Rogers gesamte Theorie sind die Auffassungen über den Organismus und über das Selbst.

Der Organismus

Für Rogers stellte das Menschenbild die Basis jeglicher wissenschaftlicher Tätigkeit in den Humanwissenschaften dar. Das Menschenbild, welches in der Humanistischen Bewegung vertreten wird, geht von der Annahme aus, dass der Mensch von Natur aus gut ist. Rogers anthropologische Voraussetzungen „besteht aus folgender Annahme: Der Mensch steht in einem andauernden Prozess der Veränderung und besitzt die Fähigkeit, sich in Richtung größerer Reife und physischer Funktionsfähigkeit zu entwickeln (Selbstverwirklichungstendenz). Er ist fähig selbst Verantwortung für seine Ideen, Gefühle und Handlungen zu übernehmen (Selbstverantwortlichkeit), sich von innen, von seiner organischen Basis her zu steuern und seine im Leben auftretenden Probleme unter günstigen Bedingungen selbst zu lösen (Selbstregulierung)." Rogers meint damit, dass jeder lebende Organismus mit einer Aktualisierungstendenz ausgestattet ist, die nach Selbstverwirklichung und Unabhängigkeit strebt. Diese Tendenz befähigt den Menschen

Erfahrungen, Eindrücke und Reize zu bewerten und sorgt dafür, dass alle Fertigkeiten und Fähigkeiten so eingesetzt werden, dass der Organismus erhalten bleibt und sich weiterentwickelt.

Selbstverwirklichung bezieht sich auf biologische Bedürfnisse, auf soziale Fertigkeiten, vor allem auf die Entwicklung von Selbstbestimmung und Selbstachtung. Dieses Streben kann man als Lebenskraft des Menschen definieren, die eigene Potenziale zu einem größtmöglichen Ausmaß auszubauen. Rogers schreibt allen Lebewesen dieses Streben, aus ihrer Existenz das Beste rauszuholen, zu. Die Behinderungen oder das Misslingen der Potenzialentfaltung weist Rogers, ganz in der Tradition der Humanistischen Psychologie, unzähligen Umweltfaktoren zu. Die physische und psychologische Umgebung kann sich in einer Weise auswirken, dass die Aktualisierungstendenz gehemmt oder vollkommen blockiert wird. „Im Unterschied zu Maslow, für den die Selbstverwirklichung so etwas wie ein Punkt im Leben eines Menschen ist, den sie, wenn überhaupt, erst gegen Ende ihres Lebens erreichen können, begreift Rogers die Selbstverwirklichung eher als Prozess."

Das Selbst

Die Humanistische Psychologie beschreibt das Selbst als ein Subsystem des Organismus und als Quelle der psychischen Individualität. „Für Rogers ist das Selbst eine mit der Persönlichkeit verbundene Organisation, die aus den Wahrnehmungen der eigenen Person und den Beziehungen dieser Selbstwahrnehmungen zu anderen Aspekten der Realität besteht. Es ist das, was eine Person im ständigen Prozess der Selbsterfahrung an sich selbst bemerkt oder in der Interaktion mit anderen an ihr quasi festgemacht wird." Das Selbst ist eine strukturierte Vorstellungsgestalt, welche eine Einheit ist und das Merkmal der Veränderbarkeit in sich trägt. Diese Erfahrungen finden in der vom Menschen erfahrenen Wirklichkeit statt und bilden einen individuellen Bezugsrahmen, den nur das Individuum selbst kennt. Dieser Bezugsrahmen beinhaltet sowohl bewusste wie auch unbewusste Erfahrungen, wobei die bewussten Erfahrungen mit der Wirklichkeit verglichen werden, d.h. es kommt zu einen Gegenüberstellung zwischen der subjektiven und der objektiven Wirklichkeit. Rogers geht also davon aus, dass der Mensch zwischen einem subjektiven Bild und einem objektiven Bild unterscheiden kann. Dieses subjektive Bild findet durch die Prüfung der Realität Bestätigung oder Ablehnung. Diese Prüfungsstruktur nennt Rogers das Selbst, d.h. der Mensch hat kein Selbst, er ist das Selbst.

Aus den Wahrnehmungen und Erfahrungen die ein Kleinkind macht, entwickelt sich ein Selbstkonzept. Erfährt das Kind Aufmerksamkeit und Liebe, nicht nur von seinen Eltern sondern von seiner Umwelt schlechthin, kann es sich aus seinen eigenen Erfahrungen und Wahrnehmungen ein Wertesystem entwickeln. Es ist das sogenannte organische Wertesystem, dass sich an der Aktualisierungstendenz orientiert. Erhält das Kind diese Zuwendung aber nicht, so ist es gezwungen sich an den Werten anderer zu orientieren. Das führt schnell dazu, dass das

Verhalten des Kindes mehr durch das Wertsystem anderer als durch eigene Wertung bestimmt wird. Dies kann zu einer Diskrepanz zwischen eigenen Erfahrung und gewünschtem Verhalten führen. Rogers charakterisiert diesen Konflikt folgendermaßen: "Es gefällt mir, doch die anderen lehnen es ab. Da ich will, dass sie mich gern haben, will auch ich dagegen sein." Die angelernten Wertvorstellungen werden Teil des Selbstkonzepts, der nicht auf dem normalen Weg der Auswertung von Erfahrungen gewonnen wurde, und haben laut Rogers einen statischen Charakter. Damit ist die Theorie des Selbst eine phänomenologische Theorie, denn Rogers bezieht sich hierbei nur auf die bewusst wahrgenommenen Welt. Dies ist eine Provokation an die Psychoanalyse die dem Unbewussten bei der Beeinflussung menschlichen Verhaltens Bedeutung zuschreibt. Rogers hat nie behauptet die Theorie des Unbewussten sei falsch, aber er vernachlässigt sie zugunsten der Bedeutung des bewusst Wahrgenommenen.

Das bedeutet, solange das Selbstkonzept und die Erfahrungen in Einklang sind, solange ist der Mensch ohne Konflikt, er ist kongruent. Er wird innerlich gespalten, inkongruent, wenn eine Diskrepanz zwischen dem rigiden Selbstkonzept und der Aktualisierungstendenz besteht. Ziel der Klientenzentrierten Gesprächspsychotherapie ist es, diese krankmachenden Inkongruenzen aufzulösen. Das Selbstkonzept wird schrittweise reorganisiert, d.h. das Selbstkonzept muss flexibler werden, so dass der Mensch wesentlich mehr Erfahrungen in sein Selbstbild integrieren kann. Statt abhängig von statischen- aus den Kindertagen stammenden Bezügen- soll der Klient sich zunehmend als Ort eigener Bewertung erleben.

Die therapeutischen Grundhaltungen

Die Klientenzentrierte Gesprächspsychotherapie stellt die Person und die Beziehung Therapeut- Klient in den Mittelpunkt der Therapiebildung und der therapeutischen Praxis. Diese zwischenmenschliche Beziehung ist für Rogers die Basis bei der Formulierung der therapeutischen Grundhaltungen. Der Therapeut begegnet dem Klienten als Person in einer Atmosphäre, in der der Klient sich öffnen kann und seinen Weg in Richtung Selbstverwirklichung erkennen und neu bestimmen kann. Der therapeutische Erfolg hängt in erster Linie nicht vom technischen Wissen und Können des Therapeuten ab, sondern davon, ob der Therapeut folgende Einstellungen besitzt:

Echtheit / Kongruenz – Positive Wertschätzung – Einfühlendes Verstehen / Empathie

Echtheit / Kongruenz

Das Merkmal der Echtheit bezeichnet Rogers als die grundlegendste Einstellung des Therapeuten. Er versteht darunter, dass der Therapeut dem Klienten als Person gegenüber tritt und weder professionelles Gehabe noch eine persönlichen Fassade zur Schau trägt. Vielmehr fordert Rogers vom Therapeuten die Übereinstimmung mit sich selbst, d.h. dass der Therapeut sich dessen, was er erlebt, „deutlich gewahr wird und dass ihm diese Empfindungen verfügbar sind, so dass er sie dem Klienten mitzuteilen vermag, wenn es angemessen ist." Echtheit des Therapeuten ermöglicht den Aufbau von Vertrauen auf Seiten des Klienten, da der Therapeut in der Beziehung transparent wird.

Positive Wertschätzung

Der Therapeut achtet den Klienten als Person und bemüht sich ihm gegenüber um ein uneingeschränktes Akzeptieren. Dieser Aspekt der Begegnungshaltung wird auch durch weitere Begriffe wie Akzeptanz, Respekt, oder Achtung umschrieben. Hierbei geht es darum, dass der Therapeut dem Klienten eine Wertschätzung entgegenbringt, welche nicht an Bedingungen geknüpft ist. Der Therapeut sollte fähig und bereit sein, „den Klienten als Mitmenschen zu erleben und sich auf eine existentielle Begegnung mit ihm einzulassen, ohne ihn in Wert- und Nutzen- Kategorien aufgrund seiner Handlungen, Eigenschaften und Worte einzuordnen."

Einfühlendes Verstehen / Empathie

Einfühlendes Verstehen heißt nach Rogers, dass der Therapeut versucht, sich in das Erleben des anderen einzufühlen und sich bemüht die Dinge aus der Perspektive des Klienten wahrzunehmen. Dabei ist es entscheidend die Gefühle und Empfindungen des Klienten, von dessen Bezugsrahmen her zu verstehen. „Es ist ein unmittelbares Gespür im Hier und Jetzt für die innere Welt des Klienten mit ihrer ganz privaten personalen Bedeutung, als ob es die Welt des Therapeuten selbst wäre, wobei allerdings der Als ob Charakter nie verloren geht."

Durch die bereits erwähnte Methode des Spiegelns, d.h. das Verbalisieren von Gefühlen, versucht der Therapeut die emotionalen Empfindungen des Klienten aufzunehmen. Dabei verzichtet der Therapeut auf eigene Interpretationen, Ratschläge und vorgefertigte Lösungen, vielmehr spiegelt er die Gefühle des Klienten, um ihn zur Einsicht in sein eigenes Erleben zu ermuntern und ihm Mut zu machen, seine internen Prozesse nach und nach unter Begleitung des Therapeuten selbst zu erforschen und damit wachsendes Vertrauen zu seinem Selbstbild zu gewinnen

Rogers fordert die Verwirklichung der drei Grundeinstellungen für einen positiven therapeutischen Prozessverlauf. Er konnte nachweisen, dass wirkliches Vertrauen eines Therapeuten in seinen eigenen Organismus und den seines Klienten einen Prozess ermöglicht, der persönliches Wachstum für alle Beteiligten ermöglicht.

Der philosophische Hintergrund

Viele verschiedene Einflüsse finden sich in Rogers Arbeit wieder. Die einzelnen Bezugspunkte bei der Entwicklung der Klientenzentrierten Gesprächspsychotherapie sind auf dem Schaubild abgebildet. Tatsache ist, dass Rogers aus keiner bestimmten Schule kommt und daher auch keinem bestimmten Mentor besaß. Infolgedessen fühlte sich Rogers bei der

Entwicklung seiner Therapieform keinem Dogma und keiner Theorie verpflichtet.

Philosophische und psychologische Bezugspunkte des Konzeptes der Gesprächspsychotherapie von Carl Rogers

Zunächst war die Auseinandersetzung mit dem Christentum, aufgrund seiner pietistischen Erziehung, die schließlich zur Abkehr von der Kirche führte. Dann die Tatsache, dass Rogers seine psychologische Ausbildung an einer behavioristisch orientierten Institution absolvierte. Eine Strömung, in der vor allem auf streng wissenschaftliche Methoden, operationales Denken und Hypothesenprüfung mittels hochentwickelter statistischer Verfahren Wert gelegt wird. So war Rogers einer der ersten Therapeuten, die systematisch Tonaufzeichnungen von der therapeutischen Interaktion machen ließen. Diese Aufzeichnungen wurden nicht nur als Trainingsgrundlage verwendet, „sondern auch mittels empirisch- statistischer Prozeduren hinsichtlich auffindbarer Grundmuster der Klient-Therapeut- Interaktionen analysiert. Rogers führte damit als erster umfangreiche empirisch- experimentelle Therapiestudien an, in denen versucht wurde, Therapeuten- und Klientenverhalten zu operationalisieren, auf Skalen zu messen und der klassischen Korrelations- und Teststatistik zu unterziehen."

Der Einfluss fernöstlichen Denkens erreichte Rogers, wie übrigens andere Humanistische Psychologen, wie beispielsweise auch Maslow, am Ende seines Lebensweges. Rogers fühlte sich einzelnen Aspekten des Zen- Buddhismus verbunden, vor allem dessen Betonung des persönlichen Erlebens als wichtigsten Weg zum Lernen. So zitierte er Aussprüche des Lao- Tse, in denen Manipulation und Einmischung abgelehnt werden.

Auf der anderen Seite aber wurde Rogers und damit die Entwicklung seiner Therapieform wesentlich durch die europäische Phänomenologie, die Existenzphilosophie von Kierkegaard und Buber sowie durch die von Kurt Lewin vertretene Gestaltpsychologie beeinflusst. Rogers fühlte sich durch die Schriften in seinem Ansatz bestätigt, dass das Leben grundsätzlich ein aktiver Prozess ist, in dem der Mensch darauf zielt, sich selbst zu erhalten, zu entwickeln und zu reproduzieren.

Auch die Psychoanalyse beeinflusste die Arbeit Rogers, stellt aber nicht die Wurzel seiner Therapie dar. Gemein ist beiden Richtungen der ganzheitliche Ansatz, im Sinne des In- der Welt-Seins, sowie die Erkenntnis, dass die Beziehung zwischen Klient und Therapeut für den Verlauf der Therapie entscheidend sei.

Besonders angeregt wurde Rogers in der Entwicklung seiner Form der Psychotherapie von Gedanken des Freudschülers Otto Rank.

Otto Rank

Rank (1884 – 1939) war ausgebildeter Psychoanalytiker, er beschäftigte sich aber auch mit Ingenieurwesen, Geschichte, Kunst und Philosophie. Rank betont, dass der Patient die Verantwortung für sein eigenes Leben und die Form seiner selbstgeschaffenen Wirklichkeit haben müsse und unterstrich die Notwendigkeit, dass der Klient seinen persönlichen Willen ausdrücken müsse. Zur Trennung von Freud kam es weil Rank, genauso wie Adler, Jung und Reich u.a. den biologischen Determinismus, d.h. die Auffassung, dass der menschliche Wille immer durch Ursache vorbestimmt sei, es also eine Freiheit des Willens nicht gibt und das damit einhergehende pessimistische Menschenbild nicht akzeptieren wollten. Des weiteren monierte er, dass der Wille des Menschen als integrierende Kraft einer ganzheitlichen Persönlichkeit in der psychoanalytischen Konzeption von Freud fehlte „und weil Rank außerdem der Meinung war, dass Freud die Bedeutung des Geburtstraumas unterschätzte. Für Rank war das Geburtstrauma Grundlage eines umfassenden Konzepts im Zusammenhang mit Freiheit und Willen des Menschen." Diesen Willen muss man sich als einen organischen Antrieb, eine Kraft für das Überleben vorstellen. Diese von Anfang an vorhandene Energie wird durch das Geburtstrauma aktiviert und steht in Verbindung mit zwei Grundbedürfnissen, der Trennung und der Vereinigung. Diese beiden Grundbedürfnisse müssen in einem Gleichgewicht zueinander stehen. Aus der Trennung heraus resultiert die Lebensangst und die mobilisiert den Willen sich in Richtung

Vereinigung bzw. Geborgenheit zu bewegen. Das Pendant zur Lebensangst ist die sogenannte Todesangst, welche aus der Vereinigung resultiert und Kräfte des Willens in Richtung Trennung führt. Diese beiden Arten von Ängsten beschreibt Rank als Grundängste, die den Menschen ein Leben lang begleiten und mit denen der Mensch umzugehen lernen muss. Rank bestreitet nicht das Vorhandensein von biologischen Impulsen, aber er weist zurück, dass diese Impulse allein die Persönlichkeit vorbestimmen.

Verbindung von Rank und Rogers

Rogers wurde von den Gedanken Ranks „quasi infiziert, was insbesondere seine Auffassungen von der Bedeutung des aktiven Zuhörens, der gefühlsverbalisierenden Interventionen und des Wachstumspotenzials beeinflusste."

Der Einfluss Ranks auf die Arbeit von Rogers ist bemerkenswert, dennoch stellt die Klientenzentrierte Gesprächspsychotherapie keine Weiterentwicklung der Therapie von Rank dar. Rank formulierte folgende Gedanken zur Therapie:

1. Therapie ist keine Technik sondern eine Einstellung
2. Verstehen durch Erleben der eigenen Gefühle
3. Die entscheidenden Veränderungen kommen vom Patienten selbst

Rogers Zentrierung auf das Erleben von Gefühlen, auf die Steigerung der Kongruenz und auf die Veränderung der

Wahrnehmung der eigenen Person lassen sich im wesentlichen Momenten auch in Ranks Arbeit wiederfinden. Basierend auf der Annahme, dass jeder Mensch mit einem Willen ausgestattet ist geht es Rank darum, diese Willenskraft in der Therapie auf konstruktive Weise zur Entfaltung zu bringen. Hauptziel einer konstruktiven Therapie, wie Rank seinen Entwurf nennt, ist es daher den Klienten dazu zu bringen sich seiner eigenen Verantwortung zu stellen. „Eine konstruktive Therapie soll das Individuum nicht verändern wollen, sondern entwickeln, so dass es sich akzeptieren kann, wie es ist." Diese Gedanken finden sich bei Rogers in der Reorganisation des Selbstkonzeptes wieder, indem es darum geht mehr Erfahrungen für sich zu akzeptieren.

Des weiteren lehnt Rank die Gestaltung der Therapie als Technik ab. Vielmehr forderte er eine Analyse der Situation, d.h. für diese Verständnis zu entwickeln und in ihr handlungsfähig zu sein. Das Verbalisieren der Gefühle dient hierbei als ein Geständnis des Klienten an sich selbst und gleichzeitig als ein Mittel der Reduzierung der Missverständnisse, wie es nach der Meinung Ranks bei der Interpretation des Unbewussten in der Psychoanalyse häufig vorkommt. Diese Gedanken finden sich in den drei Grundhaltungen der Gesprächspsychotherapie von Rogers wieder. Auch die Einstellung des Einfühlenden Verstehens, lehnt das Verbalisieren von Gefühlen als rein technische Übung ab.

Rank bezeichnet den Willen des Klienten zum Träger der

gesamten therapeutischen Aktion. Der Klient kann auf diese Art selbst konstruktiv handeln und die therapeutische Situation wird auf diese Weise zum „schöpferischen Ausdruck der Persönlichkeitsentwicklung im therapeutischen Erlebnis." Rank setzt dabei eindeutig auf die selbstheilenden Kräfte des Menschen und definiert eine konstruktive Therapie als einen Weg, der „den Patienten zum wirklichen Selbstverstehen zu führen hat, ohne dass er den erzieherischen Umweg über den Analytiker zu machen hat, der den Patienten (...) zum Selbstverstehen anleiten kann."

Beide Männer kamen bei der Entwicklung ihrer Therapien zu der Einsicht, dass Therapie grundsätzlich etwas mit der philosophischen Einstellung des Therapeuten zu tun hat.

Beschreibt Rank den Einfluss der Philosophie auf die Einstellung des Therapeuten als therapeutische Techniken und Methoden um auf konstruktive, d.h. selbstbildende Weise zur Wirkung zu gelangen, bezeichnet Rogers sein Therapieverständnis als Lebens- und Beziehungsphilosophie.

Resümee

Zusammenfassend kann man sagen, dass die langjährige Arbeit und viele Überlegungen Rogers zu dem Schluss brachten, dass beide Theorieansätze, behavioristischer und psychoanalytischer, nicht seinen praktischen Erfahrungen entsprechen. Es schien Rogers, das der phänomenologische Zugang zu Persönlichkeitsproblemen angemessen ist. Rogers entwickelte den personenzentrierte Ansatz nicht am Schreibtisch oder im Labor, sondern aus der Beschäftigung mit den Klienten heraus. Dabei entwickelte sich der Gedanke, dass der Psychotherapieprozess nicht einfach Problemlösung, sondern eine persönliche Entwicklung darstellt. Sein Ansatz hat sich als flexibel und wandlungsfähig gezeigt und konnte immer umfassenderen Forschungsergebnisse und Erfahrungen mit neuen Kategorien von Klienten berücksichtigen. Da ist es nur konsequent, dass Rogers seine Theorie als ein sich weiterentwickelndes, modifizierbares Modell und nicht als Dogma verstanden wissen wollte.

Sein theoretisches Interesse galt immer der Therapie, d.h. den Möglichkeiten der Veränderung der menschlichen Persönlichkeit im therapeutischen Prozess. Dabei verfolgte er eine einheitliche therapeutische Vorgehensweise, unabhängig davon, mit welcher Diagnose der Klient versehen wurde. Rogers erklärt dabei weniger warum es bei einem bestimmten Therapeutenverhalten zu einer Änderung des Klienten kommt, er versucht vielmehr diesen therapeutischen Vorgang zu beschreiben, d.h. zu erfassen, wie es zu dieser Veränderung kommt. Ansatzpunkt des therapeutischen Geschehens ist immer das Erleben und die Erfahrung der gegenwärtigen Situation, der Hinwendung zum Hier und Jetzt. Der Therapeut erforscht nicht die Vergangenheit des Klienten – weil, gemäß Rogers, nicht die Genese einer Störung, sondern ihr gegenwärtiges Erleben das Verhalten bestimmt. Dabei spielt der Klient die zentrale Rolle in der Therapie, er allein bestimmt das Tempo und den Gesprächsinhalt, im Gegensatz zum systematischen Vorgehen anhand von Therapieplänen bei den Verhaltenstherapeuten oder das gelenkte nochmalige Durchleben von Kindheitserfahrungen wie bei der Psychoanalyse.

„Ein Charakteristikum der Klientenzentrierten Psychotherapie liegt darin, dass sie aus einer Verbindung phänomenologischer Theoriebildung mit intensiver empirischer Psychotherapieforschung entwickelt wurde und nicht die Weiterentwicklung einer bereits vorhandenen Methode darstellt." Bei diesem Merkmal kommt die bereits erwähnte Tatsache, dass Rogers keinen Mentor besaß und von unterschiedlichen Impulsen beeinflusst wurde, zum Tragen.

Mittlerweile ist die Klientenzentrierte Psychotherapie eine weit verbreiteste psychologischen Therapiemethode. Sie ist in der Klinischen Psychologie sowie in unterschiedlichen Felder der Beratung, zum Beispiel der Sucht- und Schwangerschaftskonfliktberatung, zu finden.

Kritik

Grundsätzlich kann man sagen, dass die Humanistische Psychologie und damit auch Rogers ihr Hauptaugenmerk auf das gegenwärtige Erleben des Menschen legen. Rogers zentraler Punkt ist der Glaube an einen in jedem Individuum innewohnenden Drang zum Wachstum, zu konstruktiven Veränderung, zur Selbstverwirklichung. Genau dieser Punkt ist Ziel von Kritik und Polemik, im Sinne von Theorie der feinen Leute. Des weiteren wird die sehr allgemeine Beschreibung des Therapiegeschehens kritisiert und die unzureichende Strukturierung. Weitere Kritikpunkte sind die Vernachlässigung der Umwelteinflüsse und der unbewussten Vorgänge.

Ich schätze Rogers Menschenbild als sehr idealisierend ein. Dennoch teile ich mit ihm die Auffassung, dass in jedem Mensch eine Kraft vorhanden ist, welche den Einzelnen befähigt über das eigene Erleben sich in Richtung Selbstverwirklichung zu entwickeln. Die Betonung des Bewussten zu Ungunsten des Unbewussten kann ich nicht nachvollziehen. Persönlich habe in der Beratung mit dem Ansatz der Klientenzentrierten Gesprächspsychotherapie gute Erfahrungen gemacht.

Literaturverzeichnis

Fisseni, H.- J.:
Persönlichkeitspsychologie. Auf der Suche nach einer
Wissenschaft, 4. Auflage, 1998, Hogrefe.

Hutterer, R.:
Das Paradigma der Humanistischen Psychologie. Entwicklung,
Ideengeschichte und Produktivität, Springer. 1998.

Kriz, J.:
Grundkonzepte der Psychotherapie. Eine Einführung, Urban und
Schwarzenberg. 1985.

Pfeiffer, W.M., in: Rogers, C. / Rosenberg, R. L.:
Die Person als Mittelpunkt der Wirklichkeit. 1980, Klett- Cotta.

Quitmann, H.:
Humanistische Psychologie. Psychologie, Philosophie,
Organisationsentwicklung, 3. Auflage, Hofgrefe. 1996.

Rank, O.:
Technik der Psychoanalyse. Band 2. Die analytische Reaktion in
ihren konstruktiven Elementen, Leipzig / Wien 1929.

Rogers, C.:
Therapeut und Klient. Grundlagen der
Gesprächspsychotherapie, 18. Auflage, Fischer. 2004.
Die nicht- direktive Beratung. Fischer. 1997.
Der neue Mensch. 4. Auflage, 1991, Klett- Cotta.
Die klient- bezogene Gesprächstherapie, München 1972, Kindler

Rogers, C. / Rosenberg, R. L.:
Die Person als Mittelpunkt der Wirklichkeit, 1980, Klett- Cotta.

Schönflug, W.: Geschichte und Systematik der Psychologie. Ein
Lehrbuch für das Grundstudium, 2. Auflage, 2004, Beltz.

Tausch Reinhard: Gesprächspsychotherapie, 6. Auflage, 1974,
Hogrefe.

Wehner, E. G.
Geschichte der Psychologie. Eine Einführung, Darmstadt 1990.

Weinberger, S.
Klientenzentrierte Gesprächsführung. Eine Lern- und
Praxisanleitung für helfende Berufe, 8. Auflage, Belz, 1998.

Wild, A.:
Die Persönlichkeitstheorie von Rogers. In: Gesellschaft für
wissenschaftliche Gesprächspsychotherapie (Hrsg.): Die
klientenzentrierte Gesprächspsychotherapie, 1975, Kindler

Carl Rogers (1902- 1987)- Die Klientenzentrierte Gesprächspsychotherapie

Die Klientenzentrierte Gesprächspsychotherapie stellt die Person und die Beziehung: Therapeut- Klient in den Mittelpunkt der Therapie. Der Psychotherapieprozess ist nicht einfach Problemlösung, sondern persönliche Entwicklung.

Theorie:

- Das Menschenbild als Basis jeglicher wissenschaftlicher Tätigkeit
- Der Mensch ist von Natur aus gut, ausgestattet mit einer angeborenen Tendenz- der sogenannten Aktualisierungstendenz- sich konstruktiv in Richtung Selbstverwirklichung und Unabhängigkeit zu entwickeln.
- Das Selbst als Quelle der psychischen Individualität. Es ist eine Art strukturierte Vorstellungsgestalt, sich aus den Wahrnehmungen der eigenen Person und den Wahrnehmungen von den Beziehungen zur Außenwelt zusammensetzt.
- Kongruent, der Mensch ist ohne Konflikt. Selbstkonzept und das Selbst sind in Einklang.
- Inkongruenz, wenn eine Diskrepanz zwischen den Bedürfnissen des Menschen (Selbst) und den Anforderungen der Umwelt entsteht.

Ziel der Klientenzentrierten Gesprächspsychotherapie:

- Auflösung krankmachender Inkongruenz zwischen
  Selbstkonzept und Erfahrungen, d.h. Selbstkonzept wird
  schrittweise reorganisiert, d.h. das Selbstkonzept muss
  flexibler werden, so dass der Mensch wesentlich mehr
  Erfahrungen in sein Selbstkonzept einbauen kann („ full-
  functioning- person").

Die therapeutischen Grundhaltungen:

- Echtheit / Kongruenz: Der Therapeut tritt dem Klienten als
  Person gegenüber, er lebt, was er wirklich ist und trägt kein
  professionelles Gehabe und keine persönliche Fassade zur
  Schau. Die Echtheit ist nach Rogers die grundlegendste
  unter den therapeutischen Einstellungen.
- Positive Wertschätzung: Die Therapeutin achtet den Klienten
  als Person und bemüht sich ihm gegenüber um ein
  uneingeschränktes Akzeptieren.
- Einfühlendes Verstehen: Die Therapeutin versucht, den
  Klienten von seinem Bezugspunkt her zu verstehen, d.h. so
  wie er die Dinge sieht und wahrnimmt.

Merkmale:

- Keine Konzeption an Schreibtisch oder Labor, sondern aus
  der Beschäftigung mit Klienten heraus
- Ein weiterentwickelndes, modifizierbares
  Persönlichkeitsmodell / kein Dogma
- Einheitliche therapeutischen Vorgehensweise, unabhängig

davon, mit welcher Diagnose der Klient oder Patient versehen wurde
- Ganzheitlichen Ansatz, der den Mensch als Person und das emotionale Erleben in den Mittelpunkt rückt.
- Ein „Hier und Jetzt" Konzept, d.h. Ansatzpunkt für die Therapie ist nur das Erleben und die Erfahrung der gegenwärtigen Situation
- Verbindung phänomenologischer Theoriebildung mit empirischer Psychotherapieforschung/ keine Weiterentwicklung einer bereits vorhandenen Methode

Philosophischer Hintergrund:

Otto Rank (1884 – 1939)
Entscheidende Impulse zur Entwicklung seines Ansatzes aus den Gedanken Ranks:
- Therapie ist keine Technik sondern eine Einstellung.
- Verstehen durch Erleben der eigenen Gefühle.
- Die entscheidenden Veränderungen kommen vom Patienten selbst.

Literaturverzeichnis:

Rogers, Carl:

Therapeut und Klient. Grundlagen der Gesprächspsychotherapie, 18. Auflage, Fischer, 2004.

Rogers, Carl / Rosenberg, Rachel L.:

Die Person als Mittelpunkt der Wirklichkeit, Klett- Cotta, 1980.

Erice Berne

Die Transaktionsanalyse

Eric Berne, Biographie

(Eric Lennard Bernstein) ist am 10. Mai 1910 in Montreal geboren und starb am 15. Juli 1970 in Monterey, Kalifornien. Er entwickelte die Transaktionsanalyse (TA) als psychotherapeutisches Verfahren, das er aus der Psychoanalyse entwickelte.

Eric Berne war das erste Kind des Mediziners David Bernstein und der Journalistin Sara Gordon Bernstein. Eric Berne studierte Medizin an der University in Montreal und während seines Studiums schrieb er für die Studentenzeitungen. Nach seinem Abschluss absolvierte er ein Praktikum in Psychiatrie an der Yale University, wo er bei Paul Federn Psychoanalyse studierte. Eric Berne beendete seine Ausbildung 1938 und nahm 1939 die amerikanische Staatsbürgerschaft an. 1943 änderte er seinen Namen in *Eric Berne.*

Während des Zweiten Weltkriegs diente er bei einer medizinischen Einheit der US Armee und verließ 1945 die Armee. Nach dem Krieg setzte er seine Studien bei Erik Erikson in San Francisco fort.

Er starb am 15. Juli 1970 in einem Krankenhaus in Monterey an einem Herzinfarkt.

Das **Projekt die Intuition**

Eric Berne beschäftigte sich zehn Jahre mit der Intuition im diagnostischen Prozess. Sein Interesse für die Intuition entstand, als er als Armee-Psychiater die Akten von Armee-Entlassener einsah und den Männern mit durch eine gezielte Unterhaltung ein kleines Spiel erprobte. Er stellte den Männern die folgende Fragen: „Sind Sie nervös?" und „Waren Sie schon einmal bei einem Psychiater?" Mit diesen Fragen versuchte er aus den Antworten der Betreffenden den Beruf zu erraten. Dabei lag er bei Mechanikern und Bauern richtig. Die Erfahrungen und die Entdeckungen, die er dabei machte, schrieb er in einer Reihe von Aufsätzen zum Thema Intuition nieder. Anhand diesen Arbeiten entwickelte er das Konzept der Transaktionsanalyse.

Hauptideen und Ziele

Der Mensch wird als einzigartig und in seiner Ganzheit verstanden. Seine Selbstbestimmung und seine Eigenverantwortung werden betont und akzeptierend.

Das Ziel der Therapie ist die sozial- verantwortliche Selbstverwirklichung und das Wachstum der Person. Trotz der humanistischen Ansätze wird in der Transaktionsanalyse neben der freien und natürlichen menschlichen Aspekte, auch die grausame, sadistische, machthungrige Seite des Menschen beachtet. Jeder Mensch ist O.K. und wertvoll. Er hat die Fähigkeit zur Einsicht in sein Leben und kann sein Verhalten verändern, revidieren. Der Mensch entscheidet über sein eigenes Schicksal und das er ändern kann.

Grundkonzept der Transaktionsanalyse, TA

Das Grundkonzept der Transaktionsanalyse beinhaltet die psychoanalytische Vorstellung der freudschen Energie- und Libidotheorie und dessen Strukturmodell, (Strukturanalyse) das ICH, das ES und das Über-ICH.

Die individualpsychoanalytischen Vorstellungen von Alfred Adler betonen die sozialen Erwartungen des Einzelnen, die Familienkonstellationen und den individuellen Lebensplan.

Eric Berne übernahm Einflüsse von Paul Federn und Erik Erikson sowie sozialpsychologische, lerntheoretische und humanistische Ansätze und Ideen.

In Anlehnung an Sigmund Freud beinhaltet die Transaktionsanalyse die **Struktranalyse**, die **Spielanalyse** und die **Skriptanalyse** des Menschen.

Entsprechend der freudschen Psychoanalyse, dem ICH, Es und Über-ICH basiert die TA auf drei ICH-Zustände, die Berne als das **Strukturmodell der ICH-Zustände**, das **„Erwachsenen-Ich"**, das **„Eltern-Ich"** und das **„Kind-Ich"** beschreibt.

Die Grundlagen seines theoretischen Ansatzes sind für jeden einsehbar, nachvollziehbar und leicht verständlich. Dies ermöglicht dem Patienten, aktiv und eigenverantwortlich an seinem Veränderungsprozess mitzuarbeiten.

Die Kernbegriffe der Transaktionsanalyse

Zu den Kernbegriffen der Transaktionsanalyse gehört die Strukturanalyse.

Die ICH-Zustände stehen für die intra- und interpsychischen Dynamiken und Aktivitäten des Menschen, in denen sich die Konflikte manifestieren.

Anhand dieser Struktur wird sowohl die Persönlichkeit und deren Konflikt diagnostisch erfasst, als Folge dessen die Analyse und die Therapie realisiert wird.

Die Persönlichkeit des Menschen wird in drei Ich-Zustände gegliedert, die für die Gestaltung und der Dynamik der intraindividuellen Prozesse der Wahrnehmung, dem Fühlen, dem Denken, (auch dem innerer Dialog) und nach außen gerichteten Aktivitäten bestimmend sind

Bei gesunden Persönlichkeiten sind die drei Ich-Zustände klar von einander abgegrenzt, sie interagieren miteinander und sie gestalten als ein Gesamtsystem die Reaktionen und die Handlungen des Menschen.

Befinden sich die Grenzen der Persönlichkeit in einem Zustand, wo der Mensch, sowohl mit sich selbst als auch mit seinem Umfeld in Unklarheiten kommt, wo Störungen entstehen und sich manifestieren, kommt es zu einer gestörten

Persönlichkeitsstruktur des Menschen. Die Grenzen des Menschen werden durchlässig, es entstehen dann im Menschen unkontrollierte Vermischungen von Inhalten, von Trübungen (Neurosen) oder es kommt zu „Kontaminationen".

Werden die Grenzen des Menschen starr und die einzelnen ICH – Zustände des Menschen sind von ihrem Einfluss auf das Erleben und Verhalten ausgegrenzt, wird von einer Abspaltung (Psychose) oder Exklusion gesprochen. Die Ursachen können in der Gegenwart oder auch in der Kindheit liegen.

Das Konzept der Transaktionsanalyse
Als Arzt hatte Berne gelernt, *Psycho-Pathologisches* zu diagnostizieren, seine Patienten aus dem Blickwinkel der Psychiatrie zu betrachten und ihnen auf Grund seiner ärztlichen Sichtweise, ihnen zu vermitteln, wie sie *sein sollten*. Es war ihm ungewohnt und passte auch nicht zu seiner Rolle, seiner unmittelbaren Wahrnehmung zu vertrauen und diese entsprechend in seine praktische Arbeit einzubeziehen. An diesem Punkt hörte er auf, „den Menschen wie bisher zu behandeln" und begann, „den Patienten richtig zuzuhören". So konnte er seine Erkenntnisse über Intuition in die therapeutische Arbeit integrieren. Statt die Begriffe und Kategorien des gelernten Psychiaters anzuwenden und jemanden zum Beispiel zum *schweren Fall latenter Homosexualität* oder zu einem *paranoiden Schizophrenen* zu erklären, lies er sich auf die betreffende Person ein und machte sich mit Hilfe seiner Intuition

ein Bild von ihr.

Die Entdeckung der Ich-Zustände

Eric Berne entdeckte, dass in jedem Menschen ein ICH aus der Kindheit steckte. Er nannte dieses ICH die *ego images* Ich-Zustände. Er unterschied den Ich-Zustand aus der Kindheit (**Kind-ICH**) von dem ICH-Zustand des Erwachsenen, den die Person nach außen hin darstellte und der für den Außenstehenden am deutlichsten sichtbar ist.

Eric Berne unterschied zwei Ich-Zustände des Erwachsenen: einen, den er das **Erwachsenen-ICH** nannte und als rational einordnete, und den zweiten, einen nicht rationalen ICH-Zustand, das **Eltern-ICH**, das er von den Eltern ableitete.

Eltern-ICH

Die biographischen Inhalte des Menschen entstehen bis zum 6. Lebensjahr. Sie enthalten Einstellungen und Verhaltensweisen, die von äußeren Vorbildern übernommen werden:

Dazu gehören:

- internalisierte Normen und Werte, die oft ungeprüft in Form von Vorurteilen, Ermahnungen, Regeln, Verbote, Gebote etc. übernommen werden
- Botschaften (die als solche wahrgenommen werden)
- Handlungs- und Urteilsvermögen von Elternfiguren, welche die normativ gesetzten Anforderungen repräsentieren

Erwachsenen-ICH

Zu diesem Bereich gehören:

- die kognitive Verarbeitung aller Einflüsse aus der Umgebung, die auf dem Kind-ICH und dem Eltern-ICH einwirken
- die selbstständige Umsetzung einer vernünftigen und begründeten (Re) Aktion zur objektiven Umwelt
- dies hat nichts mit dem Alter der Person zu tun, da es sich um das objektive sammeln von Informationen aus der Umgebung handelt
- die geordnete, anpassungsfähige und intelligente Person
- er überprüft die Realität und schätzt die möglichen Wahrscheinlichkeiten ein
- er überprüft und verarbeitet alles leidenschaftslos, ob die Impulse, Dynamiken und Übertragungen aus dem Eltern-Ich stammen und ob die Gefühle aus dem Kindheits-ICH angemessen sind

Kind-ICH

- es enthält alle Impulse, die ein Kind von Natur aus besitzt, sowie Aufzeichnungen aus früheren Erfahrungen und den Reaktionen darauf
- die Reaktionen des jungen Menschen auf das, was er sieht und fühlt, wenn sein Zorn stärker als die Vernunft ist, gewinnt bei diesen Gefühlen die Oberhand
- Inhalte, zu denen spontane, unkontrollierte Gefühlsregungen und Wünsche gehören, sowie regressive Relikte aus der frühen Kindheit. Frühkindlich fixierte Inhalte, sind darin enthalten
- die positiven Seiten wie Neugier, Kreativität, Abenteuerlust, Wissensdrang, Lust am berühren, fühlen
- befinden sich auch in diesem Bereich, usw.

Das *Ego image* als Basiskonzept

In der Folgezeit verwendete er das *ego image* für seine therapeutischen Praxis. Er stellte fest, dass er mit seinen Erkenntnissen (Intuitionen) zu den Gefühlen und zu den Erfahrungen seiner Patienten eine wirksamere und hilfreichere Beziehung aufbaute als durch die reinen diagnostischen Begriffe, die er es als Psychiater praktizierte. Mit dieser Vorgehensweise konnte er das *ego image* von jedem Patienten erfassen, das sich auf seine Kindheit bezog. So konnte er in jeder Anamnese die Selbstbilder des Patienten als Kind einbeziehen.

Seine Beobachtungsmethode setzte Berne bei seinen Patienten fort und gewann dadurch Abstand von den Inhalten seiner früheren Ausbildung. Er entdeckte die Bedeutung von Streicheleinheiten und Zeitstrukturierungen und beobachtete Transaktionen, Spiele, Zeitvertreib und schließlich die Skripts der Klienten. Gegen Ende der 1960er Jahre war seine Theorie fast vollständig entwickelt und er verzichtete auf die übliche psychiatrische Diagnose.

Das Konzept des menschlichen Verhaltens und der Heilung

Ursprünglich war er der Meinung, dass die Transaktionsanalyse lediglich helfen könne, das zwischenmenschliche Verhalten besser zu steuern, d.h. das *Ausagieren* zu steuern, im Vergleich zur Psychoanalyse, welche die echte therapeutische Arbeit leistet. Später kam er zu der Ansicht, dass die Transaktionsanalyse bei der *Heilung* des Patienten die

131

Hauptrolle spiele und lediglich der schwierige Vorgang der Skriptanalyse der psychoanalytischen Technik vorbehalten sei. Schließlich führte er auch die Skriptanalyse ohne die psychoanalytische Methoden durch. Sein psychoanalytischer Hintergrund wurde nur noch bei gelegentlichen Falldarstellungen erkennbar.

Die Transaktionsanalyse

Die **Transaktionsanalyse** ist eine psychologische Theorie der menschlichen Persönlichkeitsstruktur. Sie wurde von Eric Berne entwickelt und wird laufend weiterentwickelt. Sie erhebt den Anspruch, anschauliche psychologische Konzepte zur Verfügung zu stellen, mit denen Menschen ihre erlebte Wirklichkeit reflektieren, analysieren und verändern können.

Die Transaktionen sind Botschaften (Gedanken, Vorstellungen, Handlungen, Verhaltensweisen, Wünsche, Übertragungen, Projektionen, Aktionen, Reaktionen etc.) des Menschen, die in den zwischenmenschlichen Beziehungen von den ICH-Zuständen der Partner gesendet werden und dort als entsprechende Botschaften als Re-Aktion auslöst werden.

Es geht um das Herausarbeiten der wiederkehrenden Transaktionsmuster von Personen, das Ausdruck von eingelernten (Rollen)-Spielen ist, die als ein manifestiertes und grundlegendes Lebens-Drehbuch der Person angesehen werden muss (der Skriptanalyse).

Die drei Transaktionsmuster
Es gibt drei:

1. parallele oder komplementäre Transaktionen, Botschaften, die von den ICH-Zuständen auf gleicher Ebene der Menschen interagieren

2. überkreuzte Transaktionen, Botschaften, die von den ICH-Zuständen z.B. von Eltern-ICH zum Kind-ICH gehen

3. verdeckte Transaktionen, Botschaften, die neben dem vordergründigen Inhalt auch gleichzeitig verdeckte psychologische Botschaften von einer Person auf die andere Person übertragen

Die spezifischen Kommunikationsabläufe werden systematisch in der Analyse und in der Therapie dargestellt.

Methoden bzw. Vorgehen

Die praktische Arbeit der Transaktionsanalyse.

Der Therapeut und der Klient sind gleichwertige Personen, die sich gegenseitig ernst nehmen und Achtung vor einander haben, um eine Lösung für das Problem des Klienten zu finden.

Es werden Verträge unter den Beteiligten geschlossen, in denen eine Vereinbarung der zu erreichenden Ziele festgelegt werden, um das Problem zu lösen. Jeder ist bereit, Verantwortung für sein Tun und Handeln zu übernehmen. Dies verändert die praktische Arbeit und das Lösen von Problemen. Es werden praktische Entscheidungen getroffen, die zielorientiert am Problem sind. Was möchte die Person erreichen, wie sieht das Ziel und die Entscheidung aus. Die einzelnen Prozesse zwischen dem Therapeut und dem Klient werden verständlich und nachvollziehbar in Bildern und in der Sprache bearbeitet. Die Transaktionsanalyse arbeitet auch mit Bildern, um die kognitiven Prozesse des Patienten verständlich zu machen und anzusprechen.

Allgemeines

Die Transaktionsanalyse verwendet das Mittel der Kommunikation, um es dadurch den Menschen zu ermöglichen, ihre Realitätswahrnehmungen und ihre Interaktionen zu verstehen, zu interpretieren und ihren eigenen Lebensweg zu gestalten. Dazu stellt die Transaktionsanalyse eine Theorie der Persönlichkeit zur Verfügung und eine Beschreibung der kommunikativen Abläufe in unterschiedlichen Kontexten. Des weiteren bietet die Transaktionsanalyse Modelle zum Beobachten, zum Beschreiben, zum Verstehen und zum Verändern bzw. dem Entwickeln der Persönlichkeit und der Beziehungen zwischen Individuen und dem sozialen Umfeld an. Sie beinhaltet damit Konzepte zur Persönlichkeitsanalyse, zur Beziehungsanalyse, zur Gruppendynamik und Gruppenanalyse und zur Analyse und Steuerung von sozialen Umwelteinflüssen sowie Methoden der Einflussnahme auf die Gestaltung von als sinnvollen Veränderungen im interaktiven Bereich.

Das Ziel der Transaktionsanalyse ist eine integrierte und selbstständige Persönlichkeit, die die Fähigkeit besitzt, sich im sozialen Gefüge selbstbewusst, respektvoll, achtsam und rücksichtsvoll zu bewegen. Transaktionsanalytiker/innen sollen mit ihren Klienten im Bewusstsein der Gleichwertigkeit zusammen arbeiten, um gemeinsam das Leben zu gestalten.

Die Grundgedanken der Transaktionsanalyse
Wenn Menschen mit Hilfe der Transaktionsanalyse auf die sozialen Interaktionen oder sich auf die einzelnen Persönlichkeiten konzentrieren, dann gelten dafür folgende Annahmen:

- Jeder Mensch hat die Fähigkeit, zu denken und Probleme zu lösen.
- Jeder Mensch ist in all seinen Schattierungen und in seiner Ganzheit in Ordnung.
- Jeder Mensch ist in der Lage, Verantwortung für sein Leben und dessen Gestaltung zu übernehmen. Er verfügt dazu über die Fähigkeit der bewussten Wahrnehmung und Steuerung seiner mentalen, emotionalen und sensorischen Vorgänge und der sich daraus ergebenden Handlungen bzw. sozialen Interaktionen.
- Jeder Mensch wird als fähig angesehen, sein Lebenskonzept schöpferisch und konstruktiv zu gestalten.

Jedem Menschen ist es möglich, durch die Verwendung seiner eigenen Ressourcen selbstständige Entscheidungen für sich und andere zu fällen. Er verwendet dazu seine Fähigkeit der Bewusstmachung der momentanen Situation, die Fähigkeit, aus seiner Ressource energetische Zustände auszuwählen, um dadurch die Fähigkeit zu einem echten emotionalen Kontakt zu anderen Menschen aufzubauen.

Für Transaktionsanalytiker hat die Selbstständigkeit, die Selbstbestimmung und die Spontanität des Menschen auf die Welt den höchsten Stellenwert.

Die Theorie und das wissenschaftliches Verständnis

Seine Theorie bezieht sich und integriert tiefenpsychologische, kommunikationstheoretische und verhaltenspsychologische Ansätze, Konzepte und Theorien.

Das Modell der Transaktionsanalyse soll für den Menschen bildhaft und sprachlich leicht verständlich und nachvollziehbar sein, um dadurch sich selbst besser kennen zu lernen und sein Verhalten ändern zu können. Im Mittelpunkt der Transaktionsanalyse steht das bewusste und unbewusste Handeln des Menschen.

Der Mensch entwickelt sich aufgrund seiner Biographie auf eine bestimmte Art und Weise, die er durch den Bewußtwerdungssprozess seiner Selbst und seiner Verhaltensweisen verändern, weiterentwickeln und revidieren kann. Seine Probleme und Schwierigkeiten im Alltag entstehen durch die Interaktion zu anderen Menschen. Dem Menschen soll bewusst werden, dass die Probleme in seinem Alltag, mit denen er konfrontiert ist, mit seinem bisherigem Leben, seiner Biographie zu tun haben.

Eric Berne entwickelte die Transaktionsanalyse aus der Beobachtung der zwischenmenschlichen Kommunikation. Die von ihm als *Transaktionen* genannten Vorgänge setzte er dann mit den von den Patienten berichteten inneren Prozessen in Beziehung. Eine *Transaktion* beschreibt eine stattfindende Kommunikation: es handelt sich dabei um bewusste und unbewusste Dynamiken zwischen Menschen und ihrer Umwelt, die verbal und nonverbal stattfinden.

Die Kommunikationsabläufe werden in *Transaktionen* differenziert. Dadurch werden sie für den Betrachter verstehbar und beeinfluss- bzw. veränderbar. Die komplexen Abläufe stereotyper Transaktionsmuster werden in der Transaktionsanalyse als *Spiele* bezeichnet (z.b. ein immer wieder ähnlich ablaufender Ehestreit). Sie stellen fixierte und einschränkende Muster des sozialen Miteinanders dar, denen Eric Berne sehr große Aufmerksamkeit widmete.

Als Psychiater bezog Berne seine Theorieentwicklung ursprünglich auf psychotherapeutische Kontexte. Auf dem Weg zur Heilung standen anfangs für ihn die Einsicht des Patienten in dessen psychische Strukturen und die sich daraus ergebenden *Transaktionen* und *Spiele* im Vordergrund. Aus dieser Einsicht heraus sollte es dem Patienten durch Veränderung seines Verhaltens und seiner Denkstrukturen gelingen, Autonomie zu erlangen. Dazu entwickelte er treffende und leistungsfähige Modelle, anhand derer er sich mit dem Patienten über dessen Strukturen und Schwierigkeiten besprach. Mit der Zeit und der weiteren Entwicklung der Transaktionsanalyse verschob sich der Schwerpunkt dieser kognitiven Herangehensweise, so dass das zeitgemäße Arbeiten im Kontext der Transaktionsanalyse bedeutet, neue Sicht- und Erlebensweisen der Welt ganzheitlich zu entwickeln.

Die Vorstellung, dass die Kraft, das Potenzial und die Verantwortung für die Heilung im Patienten liegen, stellte in der Mitte des letzten Jahrhunderts einen Paradigmenwechsel in der Behandlung dar.

Von diesem Ansatz geht die zentrale Stellung des *Vertrags* in der Arbeit von Transaktionsanalytikern hervor aus. Das bedeutet, dass der Patient die Ziele der gemeinsamen Arbeit definiert, indem er im Gespräch mit dem Transaktionsanalytiker klärt, was er verändern wird und was dabei die Aufgabe des Außenstehenden ist. Auch wenn Transaktionsanalytiker heute meist ganz andere Zugänge in der Arbeit mit Klienten nutzen – weg von der klassischen kognitiv-verhaltensorientierten hin zu emotional beziehungs- und prozessorientierten – bleibt der Vertrag der Dreh- und Angelpunkt der professionellen Orientierung. Er ist Ausdruck der hohen Bedeutung der ethischen Prinzipien in der Transaktionsanalyse.

Die unterschiedlichen theoretischen Konzepte der Transaktionsanalyse stellen meist unterschiedliche Schwerpunkte in den Mittelpunkt. Wenn die psychische Struktur des Individuums das Zentrum der Betrachtung ist, dann benutzen Transaktionsanalytiker meist das **Strukturmodell der**

ICH-Zustände. Eric Berne beobachtete, dass ein und derselbe Mensch zu unterschiedlichen Zeiten qualitativ unterschiedliche Erlebenszustände aktivieren kann. Solche Erlebenszustände, die jeweils durch ein zusammenhängendes Muster von Denk-, Fühl- und Verhaltensweisen charakterisiert sind, nannte er *ICH-Zustände*. Die vielen Erlebenszustände eines Menschen können grundsätzlich in drei Kategorien eingeteilt werden.

Die Menschen können das abgespeicherte Erleben von früher erneut aktivieren, der Zustand wird dann *Kindheits-ICH-Zustand* genannt.

Sie entwickeln einen neuen Erlebenszustand, der sich in angemessener Weise voll und ganz auf das Hier und Jetzt bezieht, so wird dieser als *Erwachsenen-ICH-Zustand* bezeichnet.

Wenn die Menschen auf eine Art und Weise erleben, wie sie Erlebenszustände im Denken, Fühlen und Verhalten von anderen übernommen haben, so ist das ein *Eltern-ICH-Zustand*.

Mit dem *Strukturmodell* der ICH-Zustände werden die individuellen internen Energiebesetzungen von Menschen beschrieben und eingeordnet. Die *ICH-Zustände* als Persönlichkeitsanteile stellen Muster des Erlebens und Handelns dar, wie sie im Hier und Jetzt wahrgenommen werden. Allerdings aktivieren die Menschen oft stereotype und teils weniger geeignete Reaktionsmuster in Rückwirkung auf unbewusste Erinnerungen aus früheren Beziehungserlebnissen. Mit Hilfe der Transaktionsanalyse soll auf die gegenwärtige Situation angemessenes und selbstbestimmtes Denk-, Fühl- und Verhaltensmuster entwickelt werden. Dort wo die alten Muster den Lebensfluss so stark einschränken, dass unnötiges Leiden entsteht.

Das Symbol der drei übereinander liegenden Bereiche stellt das *Strukturmodell der ICH-Zustände* dar, wobei die Zustände die Kategorien *Eltern-ICH*, *Erwachsenen-ICH* und *Kindheits-ICH* symbolisieren.

Eltern - Ich

Erwachsenen – ICH

Kindheits - ICH

Das ICH-Zustands-Modell

Der Mensch erlebt sich immer in Bezug zu seiner Umwelt, auch im Rückzug von ihr. Die Umwelt erlebt sich immer auf den Menschen bezogen. Die Beschreibung der Dynamik dieser gegenseitigen Bezogenheit stellt den Kern der Transaktionsanalyse dar. Sie vereinigt in ihren Konzepten tiefenpsychologische, beziehungsorientierte und systemische Aspekte des menschlichen Miteinanders.

Die heutigen transaktionsanalytischen Konzepte und Modelle beziehen sich auf alle Bereiche des sozialen Miteinanders, so dass die Transaktionsanalyse in den vier Anwendungsfeldern Psychotherapie, Beratung, Organisationsentwicklung und Pädagogik/Erwachsenenbildung gelehrt und ausgeübt wird.

Die Transaktionsanalyse wird vor einem wissenschaftlichen Hintergrund und mit wissenschaftlicher Begleitung ständig weiterentwickelt. Die angesprochenen Konzepte zu den Transaktionen, den Spielen, den Verträgen und der psychischen Struktur sind vier Beispiele aus einer großen Anzahl weiterer theoretischer Modelle, deren Darstellung an dieser Stelle den Rahmen sprengen würde.

Die Spielanalyse

Hinter der Spielanalyse befindet sich eine fortlaufend verdeckte komplementäre Transaktion, die aus einem bestimmten Ereignis geführt wird. Das Ergebnis ist der emotionale Gewinn, den eine Person auf Kosten der anderen Person realisiert und umsetzt. Dahinter befindet sich eine versteckte Motivation der beteiligten Person, die ein solches Spiel spielt. Die eine Person spielt das Spiel unbewusst, ohne dass es ihr bewusst ist, die andere Person lässt sich auf das Spiel unbewusst ein und spielt unbewusst mit. Die Motivationen der Spieler ist den beteiligten

Spielern nicht bewusst.

Laufen solche Spiele auf einen emotionalen Gewinn ab, handelt es sich um verdeckte Spiele, deren Gefühle ein Ersatz für etwas anderes stehen können oder auf Rache basieren. Diese unbewussten Prozesse (Übertragungen und Projektionen) liegen in dem subjektiv unbewussten Handeln und Verhalten der Personen, ohne dass es ihnen bewusst bzw. zugänglich ist. Es können Gefühle aus der frühen Kindheit sein, die eine Eltern-Kind-Transaktion spiegeln.

Bei einem solchen Prozess laufen in der Transaktionsanalyse pathologische und stereotypische Grundmuster (Spiele) der beteiligten Personen ab.

Bei dem Spiel handelt es sich um einen innerlichen Nutzeffekt der beteiligten Personen, der äußere Nutzeffekt besteht darin, sich als Opfer von den Helfern bemitleiden zu lassen.

Die Skriptanalyse

Die Skriptanalyse ist ein Begriff aus der Psychotherapie, das bei der Transaktionsanalyse (TA) nach Eric Berne (1910–1970) alle wichtigen Lebensereignisse auf eine programmierte Lebenseinstellung (Lebensplan/Skript) durch die Umwelt in den ersten Lebensjahren zurückgeführt wird.

Die Spiele und ihre enthaltenen Transaktionen sind Manifestationen, die aus der frühen Persönlichkeitsentwicklung stammen und einen geprägten Lebensplan enthalten.

Die Skripte enthalten

a) Lebensgrundpositionen

b) Indoktrinationen

c) Handlungsanweisungen und Rezepten

d) Modellverhalten

Beim Skript manifestiert sich der individuell-biographische und persönliche Lebensplan, der in der Transaktionsanalyse analysiert und herausgearbeitet wird und in der Transaktionsanalyse aktuell manifestiert ist.

Das Skript und die Lebenseinstellungen

Ein Skript im Sinne der Transaktionsanalyse ist ein Drehbuch, ein Lebensplan oder ein unbewusstes Programm, nach dem ein Individuum lebt. Die bevorzugten Transaktionen und psychologischen Spiele einer Person sind Ausdruck ihrer Skripten. Diese enthalten persönliche Haltungen, Wertmaßstäbe und Aussagen über das Selbstwertgefühl des Menschen. Sie bestimmen die Möglichkeiten der Person, sich zu entfalten und Konflikte zu bewältigen. Durch die Analyse der Skripten können diese bewusst gemacht und unter Umständen verändert werden.

Zu den Bestandteilen des Skriptes gehören sowohl offene als auch subtile Indoktrinationen durch die Eltern. Typische Transaktionen (Botschaften) sind „werde nicht erwachsen" oder auch „sei ein Versager". Die Handlungsanweisungen erfolgen durch Vormachen, direktes oder nonverbales Anleiten, oder über

Lebensregeln. Es entstehen „Lieblingsgefühle". So kann Traurigkeit zu einem „Lieblingsgefühl" werden, wenn das Kind immer dann „gestreichelt" wird, wenn es traurig ist.

Typische, wiederkehrende Transaktionsmuster (Rollenspiele) sind Manifestationen eines in der Kindheit geprägten Lebensplanes (Skript), das sich durch den Hunger nach Zuwendung in Abhängigkeit vom Familien-Streichelmuster entwickelt.

Literaturverzeichnis:

Erice Berne:
Spiele der Erwachsenen. Psychologie der menschlichen Beziehungen. Rowohlt. 1967.

Spielarten und Spielregeln der Liebe. Psychologische Analyse der Partnerbeziehung. Rowohlt. 1974.

Sprechstunden für die Seele. Psychiatrie und Psychoanalyse verständlich gemacht. Rowohlt. 1979.

Was sagen Sie, nach dem Sie Guten Tag gesagt haben. Psychologie des menschlichen Verhaltens. Kindler. 1990.

Kriz, Jürgen:
Grundkonzepte der Psychotherapie. Eine Einführung. Urban & Schwarzenberg, München. 1985.

Josef Rattner: Klassiker der Psychoanalyse. Weinheim : Beltz, PsychologieVerlagsUnion, 2. Auflg. 1995.

Klußmann, Rudolf:
Psychoanalytische Entwicklungspsychologie. Neurosenlehre, Psychotherapie, Eine Übersicht. Springer, 1988.

Leonhard Schlegel:
Die Transaktionale Analyse. Ein kritisches Lehrbuch und Nachschlagewerk.. Franke Verlag Tübingen. 3. Auflage. 1988.

Das Skript (Psychologie)

Der Begriff **Skript** wird in der Kognitiven Psychologie und in der Transaktionsanalyse verwendet. In der Kognitiven Psychologie bezeichnet der Begriff ein Handlungsschema bzw. Regeln, die eine bestimmte Handlung beschreiben. Im Bereich der Transaktionsanalyse ist er als eine Art Lebensplan aufzufassen, nach dem ein Mensch sein Leben gestaltet.

Kognitive Psychologie

Skripte sind in der kognitiven Psychologie drehbuchartige Ereignisabläufe, die im Langzeitgedächtnis gespeichert werden und die Ereignisabfolge von bestimmten Situationen und Zusammenhängen festlegen. Zum Beispiel, dass man sich zur Begrüßung die Hand gibt.

Aufbau, Gliederung und Rollen

Ein Skript kann in eine zeitliche und hierarchische Gliederung gebracht werden. Ein bekanntes Beispiel ist das Restaurant-Skript: Es schreibt vor, wie der Ablauf eines Restaurant-Besuches vor sich geht und besteht aus „Restaurant betreten", „Essen aussuchen und bestellen", „Gericht essen", „Zahlen und Trinkgeld geben" und „Restaurant verlassen" (kann beliebig erweitert werden). Die einzelnen Komponenten zeigen den zeitlichen Ablauf und können in weitere Teilskripte zerlegt werden (z. B. die Komponente "Essen aussuchen und bestellen" kann zerlegt werden, wie man das Essen aussucht, die Bedienung ruft etc.).

Ein Skript kann verschiedene Rollen beinhalten, da die gleiche Person sich im Restaurant unterschiedlich verhält, je nachdem, ob sie nun Gast, Bedienung oder gerade Koch ist. Ebenfalls ist es möglich, dass ein Skript Spezialisierungen (Verzweigungen für speziellere Unterskripte) enthält. So macht es einen Unterschied, ob in dem jeweiligen Land der Gast sich den Platz aussucht oder durch die Bedienung zugewiesen bekommt.[77]

Soziale und kulturelle Bedeutung

Das Wissen, das ein Skript bietet, dient der Orientierung in häufig auftretenden Situationen (die Personen sind sich einig darüber, was bei einer Begrüßung gemacht werden muss) und bietet somit Sicherheit. Bei verschiedenen kulturellen Hintergründen kann dies aber auch zu Problemen führen, da eine Person davon ausgeht, dass man sich zur Begrüßung die Hand gibt, während eine andere Person eine Umarmung oder ein Kuss auf die Wange erwartet.[78]

Entwicklung und Funktion von Skripts

Erfahrungen von Situationen wiederholen sich zu einer bestimmten Regelmäßigkeit, die im Gedächtnis gespeichert wird. Erlebnisse werden somit in Form von Skripts gespeichert. Dabei handelt es sich um **kognitive Schematas**, aus denen sich entnehmen läßt, welche Ereignisse bzw. Aktivitäten, sowie die beteiligten Personen und deren Rolle in allgemeiner Abfolge in

---

77 https://de.wikipedia.org/wiki/Skript_(Psychologie). 24.08.2019
78 https://de.wikipedia.org/wiki/Skript_(Psychologie). 24.08.2019

einer bestimmten Situation auftreten. Diese Prozeße beginnen bereits in der frühen Kindheit und lassen sich auch nachweisen.[79]

Skripts fassen wiederholt erfahrene Ereignisabfolgen in allgemeiner Form zusammen. Ebenso sind aus den Skripts **die Situationen** zu entnehmen, **die erwartet werden** und **dies setzt voraus**, daß bereits ein geeignetes Skript im Menschen entstanden ist. Skripts spiegeln die Kultur wieder, in der die Skripts entstanden sind. Skripts koordinieren das Verhalten von und für Menschen in bestimmten Situationen, damit deren Inhalte in bestimmten Punkten übereinstimmen, anderen falls kommt es zu Konflikte, dann müssen die sozialen Handlungen neu ausgehandelt werden.[80]

Ist ein Skript bereits vorhanden, können neue Erfahrungen durch das vorhandene Skript und dessen Hintergrundwissen besser verstanden werden. Die Einzelheiten werden von bekannten Ereignisabfolgen werden aus dem Gedächtnis abgerufen. Das bereits Vertraute erlaubt es, das Neue, das Gehörte, das Gelesene zu verstehen und wird zum brauchbaren Material im Langzeitgedächtnis transportiert und gespeichert.

Die Skripts werden durch soziale Umweltanregungen in Form von Wiederholungen, Ergänzungen und Hinzufügungen von bereits vorhandenen Skripts erweitert. Wenn z. B. durch Fragen über das Erlebte, das Gelesene etc. gesprochen wird, kann das

---

79 Mietzel. Wege in die Entwicklungspsychologie. Beltz. 2002. S. 212 ff.
80 Ebenda. S. 212 ff.

Erlebte, das Gelesene etc. gezielt und unterstützend aus dem Gedächtnis aktiviert, wiederholt, ergänzt, hinzugefügt, bearbeitet und längerfristig gespeichert werden.[81]

Das Neue wird mit dem vorhandenen Skript aktiviert, selektiert, gefiltert, bearbeitet, erweitert und gespeichert usw.

---

81 Mietzel. Wege in die Entwicklungspsychologie. Beltz. 2002. S. 212 ff.

Das Schema / die Schemata

Nach Piaget werden kognitive Strukturen als Schemata bezeichnet.[82] Das Schema ist ein strukturiertes Verhaltensmuster, das eine spezifische Form der Interaktion mit der Umwelt widerspiegelt. Alles was in einer Handlung wiederholbar und generierbar ist gehört zum Schema. Mit der Ausdifferenzierung des Schema kategorisiert der Mensch Objekte wie z. B. in verwendbare und nicht verwendbare Objekte mit unterschiedlichen Subkategorien wie etwa harte, weiche, schmiegsame oder haarige ... saugbare Objekte.[83]

„Die kognitiven Strukturen älterer Kinder von etwa sieben Jahren an werden im Gegensatz dazu abstrakte geistige Operationen beschrieben, die logisch-mathematischen Systemen ähneln. Der strukturalistische Rahmen zeigt sich an der Art, wie die Schemata und Operationen sich selbst zu einem strukturierten Ganzen organisiert und für verschiedene Inhalte anwendbar werden."[84]

Vom Säuglingsalter an werden Verhaltensweisen verstärkt, generalisiert und differenziert. Diese Schemata, strukturierte Verhaltensweisen sind wichtige Schritte beim Aufbau der Welt.[85]

Ein **Schema** ist ein Hilfsmittel des Menschen, um Informationen über seine Sinnesorgane aufzunehmen und deren Bedeutung zuzuordnen. Schemata ermöglichen ihm, sich in jeder Situation schnell und mühelos zurechtzufinden und sinnvoll zu verhalten.

---

82 Miller, Patricia. Theorien der Entwicklungspsychologie. 1993. S. 52 ff.
83 Ebenda. S. 52 ff.
84 Ebenda. S. 52, Z. 46 – 50.
85 Ebenda. S. 58 ff.

Nur in überraschenden oder besonders wichtigen Situationen werden nicht Schemata, sondern kontrollierte, bewusste Kognitionen handlungsleitend. Schemata sind Inhalte des impliziten Gedächtnisses und werden in die jeweilige Situation „mitgebracht". Sie bestimmen durch *Wiedererkennen* über Auswahl bzw. Filterung der eingehenden Information, deren Bedeutung und im weiteren über Speicherung und Einordnung des neuen Wissens. Schemata füllen Informationslücken aus, entscheiden wie mehrdeutige Reize interpretiert werden und sie steuern somit die Wahrnehmung und Informationsverarbeitung des Menschen und in der Konsequenz sein Handeln. Wenn die Realität Unterschiede zum aktiven Schema aufweist, werden diese nur wahrgenommen, wenn sie sehr auffällig, „nicht zu übersehen" sind. Jean Piaget prägte den Begriff "Schema", um eine kognitive Struktur, in die unsere Erfahrungen eingeordnet werden, zu benennen. Schema bezeichnen eine mentale Wissensstruktur, die Informationen über bestimmte Objekte oder Konzepte in abstrakter, generalisierter Form enthalten. Schemata sind nicht als Entitäten im Gedächtnis zu verstehen, sondern als Veranschaulichung, wie erlerntes Wissen in der Informationsverarbeitung genutzt werden kann.[86]

---

86 https://de.wikipedia.org/wiki/Schema_(Psychologie) 25.08.2019

Die Funktionsweise von Schemata

Schemata können explizit oder implizit aktiviert werden.

Explizite Aktivierung des Schemata wäre über den Inhalt des Schemas nachzudenken

Implizite Aktivierung wäre die Verarbeitung von Informationen, die das Schema beinhaltet.

Eine Person aktiviert das Schema „Gewalt", indem sie (explizit) über die Gewalt nachdenkt. Eine Person aktiviert das Schema „Gewalt", wenn sie über das gewalttätige Verhalten einer Person liest (implizit).

Die Zugänglichkeit der Aktivierung von Schemata, ist abhängig von der Benutzungshäufigkeit. Häufig verwendete Schemata sind zugänglicher als nicht so häufig benutzte. Leicht aktivierbare Schemata werden zur Interpretation von Informationen aus der Umwelt eher benutzt als schwer aktivierbare.

Schemata sind unabhängige kognitive Entitäten. Falls ein Schema aktiviert ist, bedeutet das nicht, dass ein Schema, das ähnliche Inhalte aufweist, ebenfalls aktiviert ist.[87]

Schemata enthalten Informationen und können die Interpretation von Informationen beeinflussen. Nicht eindeutige Informationen werden somit mittels des aktivierten Schemas interpretiert. Eine Person mit Glatze kann mit dem Schema „Skinhead" aktiviert wird. Das Verhalten einer Person kann mit der Information

---

87 https://de.wikipedia.org/wiki/Schema_(Psychologie) 25.08.2019

interpretiert werden, die im Schema „Skinhead" enthalten ist.

Schemata können die Aufmerksamkeit, abhängig von den Umständen, auf schemakonsistente oder schemainkonsistente Informationen lenken. Aktivierte Schemata können die Erinnerung von Informationen beeinflussen, wenn die eigentliche Erinnerung an ein Ereignis nicht eindeutig ist[88]

---

88 https://de.wikipedia.org/wiki/Schema_(Psychologie) 25.08.2019